Célestin Bouglé

Humanisme, sociologie, philosophie

essai

ISBN : 978-1514266212

10 9 8 7 6 5 4 3 2 1

Célestin Bouglé

Humanisme, sociologie, philosophie

essai

Table de Matières

À MON COLLÈGUE ET AMI

WILLIAM F. RUSSELL

Doyen du Teachers College
de Columbia University.
C. B.

AVANT-PROPOS

Les Annales Scientifiques de l'École Normale Supérieure, fondées à la demande de PASTEUR, paraissent depuis 1864 ; elles sont presque entièrement consacrées aujourd'hui à la publication de mémoires de mathématiciens. Elles contribuent utilement au bon renom des maîtres et élèves « scientifiques » de notre École.

Il nous est impossible, pour des raisons diverses, de songer à mettre sur pied, en ce moment, des Annales du même genre qui seraient l'œuvre de nos élèves ou anciens élèves de la section des Lettres. Nous voulons cependant, par la collection que nous ouvrons aujourd'hui, offrir quelques échantillons de la manière dont les « littéraires » sont initiés chez nous à la recherche en matière de sciences humaines.

Nous comptons publier quelques résumés des exposés préparés par des élèves, sous la direction des professeurs délégués par la Sorbonne ou des agrégés-répétiteurs, dans ces conférences peu nombreuses dont FUSTEL DE COULANGES louait déjà les bienfaits. Nous y ajouterons quelques mémoires composés, après des études de textes de toute une année, en vue du Diplôme d'Études supérieures. Dans la même collection prendront place un certain nombre de rapports demandés par le Centre de Documentation sociale de l'École aux Normaliens qu'il envoie à l'étranger. On y ajoutera enfin des travaux collectifs - éditions critiques et traductions établis par une équipe.

J'inaugure la collection par la publication d'un travail qui m'a été demandé par un de nos collègues de New-York, le doyen du *Taechers College*, M. William F. RUSSELL, qui vint naguère visiter l'École de la rue d'Ulm pour s'inspirer de nos expériences dans la « section avancée » qu'il voulait ajouter à son Collège. M. RUSSELL m'a prié, au nom de la Fondation Julius et Rosa Sachs, d'aller faire pour ses étudiants trois conférences où je leur parlerais de la façon dont nous comprenons et essayons de défendre la culture générale. Il m'a semblé qu'au moment où l'on se livre à tant d'efforts variés pour maintenir ce qui reste de cette culture, les réflexions qui vont suivre pourraient présenter quelque intérêt, non seulement pour nos amis étrangers, mais pour nos compatriotes.

C. BOUGLÉ.

Chapitre I
HUMANISME

Quelle idée les Français se font-ils de la culture générale et quel est, sur la façon dont ils comprennent l'organisation et les méthodes de l'enseignement, le retentissement de cette idée ?

Grand problème aux aspects divers. Je me garderai d'essayer de les mettre tous en lumière, je me bornerai à ceux que je connais le mieux en raison des expériences que j'ai pu mener, soit dans l'Université, soit en dehors de l'Université. Si je jette les yeux, d'abord sur la masse des écrits, livres ou articles consacrés par des Français depuis la guerre aux problèmes de la civilisation et de sa destinée, je constate qu'il s'en trouve beaucoup - et non des moindres - pour s'alarmer des conséquences inattendues de ce qu'on appelle « le Progrès ». Ce fameux char écrase beaucoup de fleurs... On s'aperçoit que des valeurs spirituelles auxquelles on tenait beaucoup sont menacées dans leur développement par les conditions matérielles du progrès tant vanté. La vie spirituelle, avec tout ce qu'elle comporte de possibilités pour le libre essor, non seulement de l'art, mais de la science et de la philosophie, ne risque-t-elle pas d'être réduite à la portion congrue par les exigences de ce qu'on appelle la civilisation dans un monde industrialisé ? D'où un concert de lamentations sur le monde sans âme et d'exhortations à défendre l'esprit, où se retrouvent, adaptés à l'époque contemporaine, nombre des thèmes lancés déjà dès le XVIIIe siècle, avec l'éclat que l'on sait, par l'auteur des *Promenades d'un Rêveur solitaire,* par Jean-Jacques ROUSSEAU.

L'antithèse est facile : on montre les richesses s'accumulant, les machines se multipliant, les vitesses s'accélérant ; mais les hommes n'ayant plus le temps de penser par eux-mêmes, de se cultiver intérieurement, de reconquérir une personnalité digne de ce nom.

Il est à noter que cet effort est entravé, non pas seulement par les conditions matérielles, mais par les conditions intellectuelles du progrès. L'ennemi, ce n'est pas seulement le mécanisme, c'est le spécialisme sous toutes ses formes. Le mécanisme, cela va de soi, on lui en veut parce qu'il « standardise » toutes choses, parce qu'il inonde le marché de produits fabriqués sans originalité, sans

Célestin Bouglé

amour, parce qu'il mesure tout au chronomètre, parce qu'il fait de tous les hommes modernes, directement ou indirectement, les serviteurs de ces idoles toujours en mouvement, dont la gigantesque membrure, évoquée déjà par Karl MARX, emplit ces halls de l'industrie qui sont les temples. d'aujourd'hui.

Mais le spécialisme dans l'ordre intellectuel n'est peut-être pas moins dangereux pour la libre vie de l'esprit, si du moins celle-ci suppose ce minimum de culture générale qui permet les tours d'horizon ; c'est une bien piètre justice à se rendre, disait PROUD-HON commentant Adam SMITH, que de constater qu'on a passé sa vie à fabriquer la dix-huitième partie d'une épingle. Mais ce n'est pas seulement pour que l'industrie progresse, c'est pour que progressent les sciences, conditions elles-mêmes du progrès et de l'industrie, qu'il est nécessaire que des hommes passent leur vie à fabriquer des têtes d'épingles. L'organisation de la recherche scientifique suppose une spécialisation chaque jour croissante dont on a fait cent fois le tableau. En physique, comme en chimie, les problèmes se subdivisent et tel chercheur est amené, comme un mineur, à s'enfoncer dans une galerie sans avoir aucun jour sur les galeries voisines.

Ce danger, déjà signalé il y a plus d'un siècle par Auguste COMTE, n'a pas cessé de préoccuper l'opinion française et c'est contre l'excès du spécialisme, autant que contre l'excès du mécanisme, que se dressent ceux qui cherchent à sauver, pour le plus grand développement possible de la personnalité, le maximum de culture générale.

*

* *

Une tradition qui vient de très loin seconde ceux qui, sur le terrain de la philosophie ou de la pédagogie, poursuivent cette lutte : une tradition ou plutôt un faisceau de traditions d'origines assez diverses, s'appuyant les unes sur les autres. On répète que le Français est individualiste, et si équivoque que soit cette expression, elle peut convenir en effet pour désigner certaine attitude mentale et sentimentale assez répandue dans notre pays. En raison de la diversité même des types d'hommes qui se sont rassemblés sur notre sol, « ce cap avancé de l'Europe » pour reprendre l'expression d'un poète ; en raison de l'ardeur des luttes qu'ont menées les uns contre les autres les pouvoirs temporel et spirituel, l'Église et l'État, pour garder la haute main sur les consciences ; en raison des ébranlements de toutes sortes qu'ont subis les forces dogmatiques et autoritaires, les Français ont été amenés à cette conviction que la paix ne pouvait régner, dans un pays qui reste divisé intellectuellement, qu'à la condition que fût instituée la plus large tolérance. Ils ont compris que l'union nationale pouvait fort bien, à cette condition, s'accommoder de la diversité des croyances, de la variété des tendances, de la liberté des esprits.

Condition de la paix, cette liberté leur est apparue aussi comme une condition du progrès de l'organisation étatique elle-même. Au fur et à mesure que celle-ci est devenue plus démocratique on a plus nettement affirmé le devoir, et par conséquent le droit pour le citoyen de devenir une personnalité autonome ayant à sa disposition les moyens d'information et de réflexion qui lui permettent de contrôler le pouvoir, bref ce minimum de culture générale qui est pour le citoyen moderne un instrument d'action en même temps que de pensée.

La notion de culture générale intervient ici comme pour limiter la puissance désagrégeante dont l'individu serait capable s'il était livré à lui-même. Si la devise de l'individu devait être « chacun pour soi », si celui qui se réclame de cette doctrine ne se préoccupait que de donner libre cours à ses instincts, ou pleine satisfaction à ses intérêts, il va de soi qu'il rendrait impossible toute organisation sociale durable. Mais si, lorsque nous plaidons pour le droit supérieur des personnes humaines, nous entendons qu'elles doivent s'humaniser en effet et commencer sur elles-mêmes ce travail de régénération que la culture suppose, nous diminuons le danger, nous contribuons à préparer l'avènement d'un ordre social rationnel. *L'humanisme* est le complément nécessaire de *l'individualisme*, un complément qui saurait se transformer le cas échéant en contrepoids.

Un Allemand qui aime à porter sur les Français un témoignage compétent et sympathique, Ernst Robert CURTIUS, se plaît à opposer le génie de la France au génie de l'Allemagne comme le concept de civilisation au concept de culture. Ayant relevé sur le monument aux Morts de la Guerre du petit village des Eyzies l'ins-

Célestin Bouglé

cription suivante : « À tous ceux qui sont morts pour la civilisation », il fait remarquer qu'en Allemagne on ne trouverait le mot de culture sur aucun des monuments aux Morts. La culture reste au-dessus de la tête du peuple et l'idée de promouvoir la culture n'est pas de celles, que le peuple même adopte comme une mission ; au contraire, en France, de longs siècles ont travaillé à rapprocher les deux forces, nation et civilisation ; et bien loin qu'il y ait antithèse entre les destinées de la civilisation considérée comme tendant à l'universalité et celle de la nation française, une synthèse s'est opérée sous des formes diverses. La France s'assigne volontiers la mission de répandre une conception de la vie qui ferait la paix entre les peuples, en même temps qu'elle assurerait la liberté aux individus ; conception de la vie qui se traduirait en effet par une manière de vivre, par des mœurs, des usages, des pratiques où l'on reconnaît l'homme qui sait se distinguer de l'animal. C'est là-dessus, plutôt que sur la culture intellectuelle et les conditions spéciales de son développement, que le Français moyen aimerait à insister ? Peut-être, mais à la condition de ne pas abuser de cette opposition. En fait, chez un nombre croissant de Français, l'idée de civilisation implique celle d'une culture supérieure, qui ne laisse pas le champ libre aux purs instincts et qui dépasse le souci des intérêts matériels, d'une culture qui implique non seulement l'enrichissement mais l'assouplissement de l'intelligence. En trois mots, l'humanisme chez nous, qui vient limiter les excès de l'individualisme, tend normalement au rationalisme

*

* *

Sous quelles influences s'est constituée cette tradition dont on devine qu'elle va exercer une influence profonde à son tour sur notre enseignement ? Vingt forces ont concouru à la former et dans ces puissances formatrices on retrouverait l'action de tous les grands événements bouleversants de notre histoire : Réforme, Renaissance, Révolution, aussi bien que celle des grands inventeurs, un MONTAIGNE, un DESCARTES, Un CONDORCET. Dans le sentiment de la valeur supérieure qu'il faut reconnaître à la personnalité humaine, la tradition chrétienne entre pour beaucoup ; le christianisme lègue à la civilisation occidentale la préoccupation des choses de l'âme, et la civilisation occidentale ne s'est jamais délivrée de cette obsession. Mais si, pour élever les âmes, on s'efforce de leur imposer des croyances, si une organisation de contrainte tend à doter un pouvoir spirituel, reposant lui-même sur une hiérarchie bien étagée, d'une force supérieure à celle du pouvoir temporel, alors la résistance s'organise : l'individu veut sauver sa personnalité de l'emprise de l'Église aussi bien que de celle de l'État.

Et c'est pourquoi chez beaucoup de Français catholiques, c'est plutôt sous une forme analogue à la forme protestante, impliquant les revendications de l'esprit critique et du sens propre, que vit la tradition chrétienne. Au surplus, celle-ci est bientôt complétée, sinon contrebalancée par la tradition de l'antiquité classique : « le miracle grec » éblouit les yeux, la raison moderne s'enrichit des réflexions de tant de penseurs qui ont librement examiné la nature et critiqué la société. La voie est ouverte à toutes les audaces intellectuelles.

Le représentant le plus fameux de ces audaces intellectuelles, le Prométhée moderne, c'est DESCARTES, l'auteur du Discours *de la Méthode* dont on a tant parlé cette année et dont on a redit cent fois que sa manière de penser est peut-être la plus caractéristique de la pensée française.

Quand on veut opposer celle-ci par exemple à la manière de penser anglo-saxonne, on ne manque pas - M. André SIEGFRIED l'a fait plus d'une fois - d'invoquer René DESCARTES, lui qui nous invite à douter méthodiquement de tout, à rechercher en tout les idées claires et distinctes, lui qui fait appel à la raison personnelle contre les autorités traditionnelles aussi bien que contre les impulsions du sentiment. Très respectueux lui-même sans doute, dans son privé, d'un certain nombre de traditions, au premier rang desquelles la religion de ses pères et de sa nourrice, très soucieux de ne pas se brouiller avec les pouvoirs établis, très sévère à l'égard des humeurs brouillonnes et inquiètes ; mais ces barrières sacrées doivent être vite renversées.

Les philosophes militants du XVIIIe siècle n'acceptent pas la métaphysique de DESCARTES ; ils laissent tomber dans l'oubli ses idées sur Dieu, sur la matière, sur les principes innés, mais ils retiennent sa méthode, ce doute tranchant qu'il manie comme un outil et ils l'appliquent à toutes sortes d'objets qu'il voulait respecter : à la religion comme à la politique. « Chef de conjurés », di-

Célestin Bouglé

saient-ils, qui n'aura pas vu ni voulu prévoir les heureux effets de la conspiration qu'il a lancée. La fin de cette conspiration, c'est la Révolution elle-même et les penseurs qui préparent dans l'ordre pédagogique les réformes sur lesquelles elle mettra sa marque. Un CONDORCET par exemple, aurait pu se réclamer de DESCARTES, lorsqu'il exigeait un système d'instruction et d'éducation qui mît à la portée de chacun les moyens de développer les forces de raison qui sont en lui.

*
* *

Quand l'idée génératrice de ces réformes passe à l'application, quand un État républicain débarrassé enfin de la tutelle de l'Église dresse les programmes d'un enseignement public, et passe à l'exécution dans un nombre croissant d'établissements, l'exigence humaniste est-elle respectée ? Réussit-on à sauvegarder pour les futurs citoyens cette culture générale dont la réflexion personnelle a besoin pour se fortifier, et sous quelles formes cette culture est-elle maintenue ? C'est ce qu'il faudrait maintenant rechercher.

On devine les difficultés que va rencontrer le maintien de cet idéal en face des exigences nouvelles d'une civilisation de plus en plus industrialisée, dans un monde de plus en plus compliqué, dont les éléments constituants, même éloignés dans l'espace, deviennent étroitement interdépendants. Pour que les nouveaux venus jouent leur rôle dans cette immense machinerie, il devient nécessaire de mettre à leur disposition une masse chaque jour plus lourde de connaissances. A ceux du moins qu'on ne veut pas enfermer à l'avance dans une situation et qu'on se refuse à spécialiser dès l'enfance, ne faut-il pas donner « des clartés de tout », ne fût-ce que pour leur permettre de s'orienter ? Langue nationale et langues étrangères, histoire et géographie, sciences mathématiques et sciences expérimentales ne doivent-elles pas être enseignées à tous, au moins dans leurs éléments, pour que l'homme de demain soit mis à même de se retrouver, de chercher sa voie dans le monde moderne ? D'où la multiplication des matières, la complication des programmes, l'allongement des horaires dans les établissements d'enseignement. Les méfaits de cette surcharge ont été dénoncés cent fois. On la rend responsable, en particulier de ce surmenage que l'on constate dans certaines classes et qui risquerait d'étioler la race elle-même.

Mais au point de vue intellectuel et moral, au point de vue de cette culture générale dont nous persistons à souhaiter le maintien, la tactique employée ne présente-t-elle pas aussi de graves inconvénients ? C'est qu'il y a lieu de distinguer nettement entre culture générale et culture encyclopédique. L'accumulation des connaissances de toutes sortes dans un cerveau ne forme pas d'elle-même un esprit cultivé ; mais sans doute, à la base de toute culture, il faut toujours un minimum de connaissances. Le monde de notre perception extérieure personnelle est par définition trop étroit, il importe que les sciences l'allongent dans l'espace comme dans le temps par leurs atlas comme par leurs dictionnaires. Si on n'a pas quelques notions de la diversité des formes des choses et de celle des tendances des esprits, on spéculera à vide, on sera bientôt amené à se replier sur soi-même, Ion tombera dans le narcissisme.

C'est pourquoi il faut bien conserver quelque chose de la conception de l'honnête homme cher au XVIIe siècle. Il se piquait d'avoir des clartés de tout et de pouvoir dire sur toutes choses un mot spirituel. Ce dilettantisme heureusement n'est plus de mode et nous avons utilement réagi contre lui en insistant sur la nécessité pour les esprits d'acquérir ces connaissances spéciales sans lesquelles il n'est pas de science véritable. Mais encore une fois, l'initiation aux éléments de disciplines spéciales diverses est une condition nécessaire à l'éveil de la réflexion par laquelle se constituent les personnalités, et c'est pourquoi aucun Ministre de l'Instruction publique chez nous, si décidé qu'il soit à alléger les programmes, n'en peut rayer d'un trait de plume ces notions de physique, de chimie, de biologie qui doivent s'ajouter à l'histoire et à l'étude des langues pour qu'un esprit moderne possède son indispensable outillage.

*

* *

Mais le problème demeure et devient chaque jour plus inquiétant, pour ne pas dire dramatique. L'encyclopédisme ennuyeux, que dénonçait vigoureusement Mme CURIE, et qui garde fatalement sa place dans notre enseignement, ne risque-t-il pas d'écraser les jeunes esprits sans les stimuler, et de maintenir en eux une passivité de mauvais augure ? Un esprit d'enfant n'est jamais complète-

Célestin Bouglé

ment passif, cela va de soi : il ne peut beaucoup apprendre sans un peu comprendre ; en ce sens tout enseignement est un enseignement de formation. Il y a pourtant des degrés à distinguer, et il est trop clair que l'emmagasinement d'un certain nombre de notions ne crée pas par lui-même la souplesse d'esprit nécessaire à l'effort de la pensée personnelle. Il faudrait pouvoir choisir et développer les enseignements spécifiquement formateurs de l'esprit en diminuant la part des autres. Tel est le drame de la pédagogie moderne, drame qui a fait pâlir plus d'un pédagogue français.

Nous répétons à satiété le mot de MONTAIGNE : « Mieux vaut une tête bien faite qu'une tête bien pleine », et nous nous servons de la tendance qu'il représente pour refouler les ambitions excessives qu'on pourrait tirer du programme de RABELAIS, vrai programme de géant qui semblait vouloir qu'on mît son élève au courant de tout ce qui se passe sur la terre et dans les cieux, dans le passé comme dans le présent.

Nous maintenons que l'éducation du jugement est ce qui importe avant tout ; mais comment faire en sorte que cet outil soit bien formé, qu'il ne soit pas déformé par le système d'instruction auquel nous obligent, pense-t-on, les nécessités du monde moderne ? Nous sommes ainsi tentés de distinguer entre les enseignements qui ne sont que des enseignements d'information et ceux qui seraient des enseignements de formation, à préférer en tout les méthodes actives aux méthodes passives, les exercices d'assouplissement à l'endoctrinement.

*

* *

La lutte entre les deux types d'enseignement, le « formel » et le « matériel » et les efforts désespérés des premiers pour résister aux empiétements du second expliquent les diverses réformes universitaires que la France contemporaine a essayées, et qui suscitent dans tous les milieux, dans la presse comme au Parlement, les discussions les plus brûlantes. Rien ne passionne les Français comme ces débats sur le meilleur système d'enseignement : pour un peu partisans et adversaires d'une transformation d'ordre scolaire en viendraient aux mains.

Parmi les avocats de la culture générale, et non pas seulement parmi les universitaires, mais parmi les membres des autres professions libérales et jusque chez les hommes d'affaires, il en est beaucoup qui sont pénétrés des deux convictions que voici : 1° pas de culture générale digne de ce nom en dehors de l'enseignement secondaire ; 2° à l'intérieur même de l'enseignement secondaire, c'est aux études classiques, à la connaissance et à la pratique des langues et littératures grecque et latine qu'il appartient de sauver la culture générale.

Que l'enseignement donné dans les lycées et collèges doive être un enseignement de culture, résistant à la spécialisation prématurée comme aux préoccupations utilitaires, c'est ce qui a été solennellement réaffirmé chaque fois que ses programmes ou ses méthodes ont été remis en question. On en trouverait vingt preuves, notamment dans les six gros volumes in-4° où sont consignés les résultats de l'enquête, menée sous la présidence de M. RIBOT en 1895, qui fut comme la préface à la réforme de 1900. Plus récemment, lors de la réforme de 1925, dans les *Instructions, programmes et règlements,* le recueil si précieux - et trop peu connu - où les Ministres de l'Instruction publique et leurs collaborateurs proposent des « directives » aux professeurs, l'objet propre de cet enseignement y est précisé en formules synthétiques. « L'enseignement secondaire, y est-il dit, doit donner un enseignement de culture générale, visant moins à entasser des connaissances dans les mémoires qu'à former des esprits non pas spécialisés, mais complets et bien équilibrés. Il tend, non pas à préparer les élèves à une profession déterminée, ni à les aiguiller vers l'une ou l'autre des grandes voies intellectuelles où se déploient les activités des hommes, mais, sans les préparer à rien, les rendre aptes à tout... ; à forger en eux l'outil puissant et délicat de leurs conquêtes futures, c'est-à-dire une pensée vigoureuse et fine ; à prolonger le plus tard possible jusqu'au moment où l'esprit a achevé sa formation, c'est-à-dire jusqu'à la fin de la classe de première, cette culture générale par laquelle on maintient le juste équilibre nécessaire. »

Le commentateur de *l'Atlas de l'enseignement en France* ajoute : « On assigne pour but aux études moins la quantité du savoir que sa qualité et l'aptitude à l'accroître ; il ne s'agit pas tant d'apprendre que d'apprendre à apprendre et à comprendre. »

Au regard de ce type d'enseignement, l'enseignement primaire

Célestin Bouglé

n'apparaît que comme une initiation élémentaire, il donne aux enfants, dit-on, le *b a ba* du savoir, la pratique de la langue nationale et celle des quatre règles, il reste intuitif et pratique : il ne saurait prétendre à former vraiment l'intelligence personnelle. Les primaires n'accepteront pas volontiers une distinction si tranchée, cela va de soi. Ils remarquent que si leur enseignement doit fournir aux élèves d'abord une somme de connaissances appropriées à leurs futurs besoins, il ne lui est pas défendu, il lui est recommandé au contraire de leur donner « de bonnes habitudes d'esprit, une intelligence ouverte et éveillée, des idées claires, du jugement, de la réflexion » : formation donc « à la fois utilitaire et désintéressée, réaliste et idéaliste » ; initiative tout à fait utile à quiconque aura besoin tant pour sa vie personnelle que pour la vie civique d'une culture générale développée.

Mais quelle que soit la valeur de cette protestation, et quelques utiles efforts qu'elle suggère à ceux qui la formulent pour faire la preuve qu'ils sont eux aussi des éducateurs de l'intelligence, un fait n'en reste pas moins acquis : beaucoup des avocats du secondaire paraissent convaincus qu'il y a entre l'esprit qu'ils veulent défendre et celui du primaire une antithèse, pour ne pas dire une sorte d'incompatibilité essentielle. Un de leurs principaux objectifs, dans cette lutte pour l'orientation de la jeunesse, est de barrer la route à l'invasion de « la mentalité primaire », jugée par certains aussi dangereuse au point de vue politique qu'insuffisante au point de vue pédagogique. En particulier, puisqu'un enseignement dit primaire supérieur a dû être institué pour recevoir après les classes élémentaires, les enfants qui, pressés de gagner leur vie avant l'âge du baccalauréat, ne veulent ou ne peuvent aller au lycée, ces défenseurs du secondaire spécifieront qu'il est bien entendu que, bon pour préparer des contremaîtres, des employés, les cadres du commerce ou de l'industrie, le primaire supérieur reste inapte à former l'honnête homme à l'esprit souple et à l'horizon large dont la civilisation française a besoin pour se maintenir à cette hauteur intellectuelle qui a fait sa gloire.

*

* *

La raison de cette infériorité qu'on présente comme congénitale, c'est sans doute qu'il manque à la base de cet enseignement la culture gréco-latine, véritable sel de l'esprit. Ceux qui croient aux vertus supérieures de cette culture ne peuvent pas se consoler des limitations qu'elle a dû subir, par les assauts répétés des connaissances modernes. Je vous demande la permission de lire, à ce propos, la déposition, - j'allais dire la lamentation - d'un vieil humaniste qui fut aussi un grand philosophe solitaire, et qui inspecta pendant des années les classes de nos lycées et collèges : l'auteur du *Fondement de l'Induction,* Jules LACHELIER : « L'enseignement classique, depuis que je le connais, a profondément changé de caractère. Autrefois il consistait à peu près exclusivement dans l'étude de trois langues, dont deux mortes, et des chefs-d'œuvre de trois littératures. Je ne veux pas dire que l'on n'apprît pas, chemin faisant, beaucoup de choses, ni que l'on pût remuer tant de mots, sans remuer aussi beaucoup de faits et d'idées.

Quoi qu'il en soit, on est venu à penser que cet enseignement était renfermé dans des limites trop étroites, et on y a fait entrer de nouveaux éléments, empruntés pour la plupart à l'enseignement supérieur. On a trouvé, par exemple, qu'il ne suffisait pas de connaître, dans chaque littérature, l'époque dite classique, et qu'il fallait tenir compte aussi de celles qui l'ont précédée et suivie. On a donc établi, dans les classes supérieures, des cours réguliers d'histoire littéraire. On apprenait autrefois la grammaire des langues anciennes pour devenir capable d'entendre les auteurs qui ont écrit dans ces langues. On s'est avisé que la grammaire méritait d'être étudiée pour elle-même, comme une science, et, au lieu d'exercer les enfants à décliner des noms et à conjuguer des verbes, on s'est mis à débiter devant eux des théories philologiques. En même temps naissait chez un certain nombre d'esprits le besoin mal défini de mettre dans l'éducation de la jeunesse quelque chose - comment dirai-je ? - de plus positif, de plus réel, de ne pas la laisser vivre exclusivement, pendant dix ans, avec des poètes et des personnages héroïques. De là l'introduction, dans toutes les classes, de notions scientifiques, plus ou moins appropriées à l'âge des élèves. Enfin, au lendemain de nos revers, on s'est épris, je ne sais trop pourquoi, des langues vivantes et, en particulier, de celle de nos vainqueurs. Le grec et le latin dans tout cela ont doublement souffert : il en est résulté qu'on ne les sait plus et que les études classiques ont cessé de répondre à leur destination. Je ne me plains pas précisément qu'elles ne mettent plus, comme autrefois, nos élèves en état d'écrire élégamment le latin. Mais la destination qu'elles ne peuvent pas, ce me semble, cesser d'avoir est de les mettre en état de lire facilement un texte latin, de déchiffrer sans trop de peine un texte grec, et d'entrer ainsi en contact direct avec les grandes pensées et les grands sentiments du monde antique. Or, dans l'immense majorité des cas, rien de pareil ne se produit plus. C'est la faillite de notre enseignement secondaire dans sa partie essentielle, dans celle qui seule Pouvait produire une véritable culture, à la fois intellectuelle et morale. »

Culture intellectuelle et morale, la liaison des deux termes est à retenir. Car telle est bien la prétention de l'humaniste pur. Il est convaincu au fond que, du moment qu'on a pu avoir commerce avec les plus hauts esprits de l'antiquité, on est muni pour la vie d'une sorte de viatique à toutes fins.

Conviction qui n'est pas toujours formellement déclarée, mais dont la présence explique plus d'une attitude caractéristique du secondaire français. Par exemple, on y admet volontiers que l'éducateur nourri aux lettres classiques et pourvu par elles d'un esprit de finesse prêt à toutes les adaptations n'a pas un besoin pressant des lumières que peut procurer la science pédagogique : utile surtout, celle-ci, aux maîtres de l'enseignement primaire. Ou encore, on laisse volontiers tomber, dans les lycées et collèges - en dépit des vives protestations de la *Ligue pour l'éducation morale* - ces séances d'éducation morale qui gardent une belle place dans les écoles primaires ou primaires supérieures. Un bon commentaire de PLATON ou de SÉNÈQUE, des explications précises qui vous permettent de pénétrer dans le secret de leur pensée et de leur cœur, voilà qui contribuera de la façon la plus utile, d'une façon irremplaçable, à la formation du caractère autant qu'à celle de l'intelligence.

Le malheur est qu'on ne laisse plus à cet enseignement humaniste la capacité de développer toute sa vertu. Il n'a plus le temps d'exercer sur les âmes l'effet « d'imprégnation lente » escompté par M. LACHELIER. Force est bien de moderniser, comme on dit, le plan d'études, en associant aux lettres classiques d'autres disciplines qui s'imposent par la force des choses. Seulement, il est entendu que dans les établissements du second degré, ces disciplines se plieront

Chapitre I

elles-mêmes à la règle dominante qui est de viser moins à accumuler des notions qu'à former des esprits. C'est ainsi que les unes après les autres, elles défendront leur place en insistant sur leur contribution à la culture. Le professeur de langues vivantes ne veut pas s'en tenir à une méthode directe qui assurerait la connaissance pratique de l'anglais ou de l'allemand ; il entend démontrer que la culture générale de l'esprit trouvera son couronnement naturel dans la connaissance de langues, de littératures, de civilisations étrangères. L'historien entend donner une portée générale, une forme philosophique à ses études en se servant de la comparaison avec l'étranger pour éclairer le jugement des jeunes Français sur la France et pour élargir l'horizon de leur esprit. Le mathématicien insiste sur la valeur éducative des mathématiques. Le physicien, rappelle que l'enseignement des sciences physiques a pour but, moins l'acquisition par nos élèves de nombreuses connaissances, que leur initiation à la méthode expérimentale propre à ces sciences. Notre enseignement, assure le chimiste, ne vise pas l'acquisition de connaissances verbales, il se propose la formation de l'esprit, il doit être avant tout une discipline intellectuelle, l'éducation du jugement.

*

* *

Lorsqu'on a lu tous ces plaidoyers, lorsqu'on s'est convaincu que l'antithèse entre enseignements « formels » et enseignements « matériels » est loin d'avoir une valeur absolue, lorsqu'on a constaté qu'en enseignant la physique ou l'allemand, la chimie ou l'histoire, on peut ouvrir et assouplir les intelligences sans les écraser sous le poids des détails, une idée se présente à l'esprit : la connaissance du grec et du latin est-elle donc si nécessaire pour toutes les élites dont la France a besoin ? Un certain nombre d'élèves ne pourraient-ils garder l'espoir d'être admis, eux aussi, dans le sanctuaire de la culture générale sans avoir subi l'initiation aux langues et aux lettres classiques ? Ne faut-il pas concevoir pour ceux-ci, un enseignement qui resterait secondaire tout en devenant moderne, et qui prendrait pour base de culture le français, les langues étrangères, les sciences positives ? Ainsi est né l'enseignement moderne, héritier de l'enseignement spécial imaginé par DURUY dès 1865. Mais héritier plus ambitieux que son père. Car justement il se flatte

Célestin Bouglé

de ne pas être un enseignement spécial ni une collection de spécialités ; il entend fournir une culture qui se suffise à elle-même.

Devant cette prétention, la querelle des Anciens et des Modernes s'est ravivée avec l'ardeur que l'on devine. Dans les débats de la vaste enquête à laquelle nous avons fait allusion, celle qui a précédé et préparé la réforme de 1902, la grande affaire au fond était de savoir si l'enseignement moderne perdrait la place qu'il avait conquise, ou l'élargirait. Il avait pour lui des universitaires éminents : Ernest LAVISSE, Gustave LANSON, Ferdinand BRUNOT, Emile DARBOUX. Contre lui une bonne partie de la bourgeoisie cultivée, tenant à une distinction chèrement acquise, celle que confère la fréquentation, si superficielle qu'elle ait pu être, des auteurs classiques. Des Chambres de commerce, des Groupements industriels faisaient observer que leurs meilleurs employés, même dans le cadre supérieur, ne savaient plus rédiger clairement un rapport, parce qu'ils avaient abandonné la discipline austère et tutélaire des langues mortes. M. RIBOT rappelle qu'en 1895 lorsque le Ministre des Finances voulut décréter l'égalité du baccalauréat moderne et du baccalauréat classique pour les candidats aux emplois des régies financières, il y eut une belle levée de boucliers : qu'on pût être admis à cet emploi sans avoir touché au latin ou au grec, c'était, semble-t-il, pour la profession tout entière un déshonneur intolérable.

M. Léon BÉRARD, défenseur passionné de ces humanités classiques où il puise le suc de discours savoureux, crut avoir regagné beaucoup de terrain en 1923 en imposant du grec et du latin partout, dans les quatre premières années de l'enseignement secondaire. Le système parut bientôt inapplicable. On ne pouvait songer à exclure des possibilités de la culture générale nombre d'esprits fort capables, sans latin ni grec, de profiter de ce qu'on appelle les humanités modernes. Il fallut leur ouvrir une voie. On s'efforça du moins de ne plus les mettre à part dans les lycées ; de les rassembler, pour un certain nombre d'enseignements, sur les mêmes bancs que les classiques, de coordonner les méthodes en insistant sur l'objectif commun : fournir aux esprits cette culture générale prolongée et complète sans laquelle la spécialisation elle-même, lorsque vient son heure, ne donne pas ses meilleurs fruits.

*

Chapitre I

* *

Dans cette lutte courtoise, mais intense, depuis si longtemps engagée entre Primaires et Secondaires, et entre Anciens et Modernes, sous quelle forme et en quel sens la dernière réforme - celle qui a été lancée par un jeune ministre radical du Front populaire, M. Jean ZAY - intervient-elle ? et de quel côté peut-elle faire pencher la balance ?

Réforme hardie, certes, et qui tend à ouvrir, aux enfants du peuple bien doués, des possibilités d'ascension assez chichement ménagées jusqu'ici, mais réforme présentée dans un esprit conciliant avec le souci de ne rien casser, de faciliter les transitions, de respecter des traditions, en particulier celle de la culture générale à base d'humanisme : on ne voudrait pas, sous prétexte de le moderniser, enlever à notre enseignement sa plus belle parure, qui est aussi une force. En fait, si l'on regarde la série des classes du second degré aux deux extrémités, du côté de l'entrée et du côté de la sortie, on s'aperçoit que le Ministre offre, du côté de l'entrée, de quoi limiter le « privilège » des classes élémentaires des lycées, - odieux à beaucoup de primaires, - et du côté de la sortie de quoi limiter le « privilège » des écoles normales d'instituteurs - odieux à beaucoup de secondaires.

Les premières classes des lycées et collèges étaient tenues par un personnel spécialisé qui s'efforçait de garder à son enseignement un caractère un peu différent de celui qui était donné dans l'école primaire de tout le monde. Ne fallait-il pas une préparation particulièrement soignée, et orientée dans un certain sens, pour les futurs humanistes des lycées et collèges ? Il y a quelques années déjà, on avait réussi, en dépit de protestations nombreuses, à unifier les programmes des classes élémentaires des lycées et des classes des écoles publiques. On veut maintenant unifier jusqu'aux horaires. On précise que les lycées et collèges ne seront ouverts qu'à ceux qui auront acquis leur certificat d'études. On ajoute qu'avant la classe de sixième il est prématuré d'imprimer une orientation spéciale à l'ensei-gnement donné à un lot particulier d'élèves : ceux qui sont matériellement rassemblés dans les lycées et collèges. C'est seulement en sixième que l'orientation scolaire des enfants sera décidée, dans une classe qui sera en même temps une classe d'expériences et une classe d'enseignement - tentative qui fait en ce moment couler

Célestin Bouglé

beaucoup d'encre.

L'institution nouvelle éveille, dans les familles de la bourgeoisie surtout, qui craignent que l'État n'empiète sur les droits du père, la plus vive résistance ; mais ceux qui sont attachés à l'égalité du point de départ en matière d'éducation, et qui souhaitent que le genre de culture auquel les élèves seront initiés soit déterminé, non plus par la fortune des parents, mais par ce qu'on peut savoir de l'aptitude des enfants, sont obligés de maintenir cette sorte de « gare de triage », seule capable d'opérer une jonction rationnelle entre le premier et le second degré.

Mais regardez maintenant à l'autre bout de l'échelle : un examen doit être exigé désormais de tout candidat aux professions libérales, y compris celle d'instituteur. Et c'est le baccalauréat lui-même. Jusqu'ici on pouvait devenir instituteur en ajoutant au brevet élémentaire le brevet supérieur et en passant par les Écoles normales où l'on recevait une culture à la fois générale et professionnelle. Les seules humanités qu'on y pouvait faire pénétrer, c'était naturellement les humanités modernes, puisque les futurs instituteurs n'apprenaient ni grec ni latin.

Que n'a-t-on pas dit contre cette pseudo-culture de modèle primaire ? On assurait qu'elle ne donnait aux instituteurs aucune espèce d'esprit critique, qu'elle préparait bien plutôt à devenir dogmatique, sinon fanatique, et que cela se sentait assez dans l'attitude politique prise par les fédérations de maîtres d'école. On demandait que l'instituteur passât au lycée, et du lycée à la Faculté. On visait à diminuer le rôle des Écoles normales en même temps qu'à raccourcir le temps qu'y passaient les élèves. A cette tendance, le Ministre ne donnait-il pas satisfaction en décrétant que tous les futurs maîtres d'école devraient d'abord être bacheliers ? Autant de gagné, semblait-il, pour les partisans de la culture secondaire. Mais, à y regarder de près, la satisfaction paraîtra peut-être illusoire, au moins aux secondaires « purs » : c'est-à-dire à ceux qui maintiennent que sans la culture gréco-latine il n'y a pas de salut pour l'esprit et que les textes français eux-mêmes ne peuvent être convenablement expliqués par les seules ressources du français. Ceux-là verraient peut-être s'échapper les nouvelles recrues qu'ils escomptaient, car enfin, quelque effort qu'on ait pu faire pour unifier l'enseignement du second degré, il subsiste, à côté du baccalauréat comportant le grec, le latin et les sciences, non seulement un baccalauréat comportant le latin, les sciences et les langues vivantes, mais un troisième baccalauréat comportant uniquement les sciences et les langues vivantes. C'est l'ancien baccalauréat moderne qui revit sous cette forme. Il pourra être préparé dans les Écoles primaires supérieures qui subsistent, peut-être même dans les Écoles normales qu'on ne veut pas réduire à la portion congrue ; si bien que la victoire - si victoire il y a - risque d'être une victoire à la Pyrrhus.

*
* *

Ces quelques exemples suffisent pour faire mesurer et la complexité de la question et l'intensité des passions qu'elle éveille. La culture générale dans l'enseignement du second degré sortira-t-elle de la réforme affaiblie ou renforcée ? Il est encore trop tôt pour en décider. Je veux signaler toutefois, dès maintenant, l'existence d'un bel atout dans la main des défenseurs de l'humanisme classique, c'est la grande École que j'ai l'honneur de diriger : l'École normale supérieure. Par sa section des lettres elle est bien loin certes de fournir la majorité des professeurs agrégés des lycées, mais elle en fournit un bon nombre et qui - comme disait mon prédécesseur M. Gustave LANSON - « donnent le niveau ». Or, les agrégés qui sortent de l'École normale ont chance d'être plus profondément imprégnés que tels autres de la culture classique traditionnelle, en raison même de la nature des épreuves qu'ils doivent subir pour y être admis. Sur nos 6 compositions écrites au concours d'entrée, il y a une version latine, un thème latin, une version grecque (remplaçable par une dissertation de langue vivante pour la minorité de ceux qui veulent enseigner les langues vivantes dans les lycées) plus trois dissertations, une de littérature française, une de philosophie, une d'histoire. Il est formellement entendu que, même pour la dissertation d'histoire, qui suppose un certain nombre de connaissances de faits, les correcteurs doivent apprécier surtout les qualités de composition et d'exposition : celles qui permettent de déceler l'action d'un esprit capable de dominer ses connaissances elles-mêmes par une réflexion personnelle.

Est-il besoin d'ajouter qu'à l'École normale elle-même, s'il arrive que nos élèves se spécialisent, si par exemple dans leur deuxième

Célestin Bouglé

année d'École ils entament en vue d'un diplôme d'études supérieures des recherches particulières qui les conduiront peut-être à des thèses de doctorat, ils n'en sont pas moins perpétuellement incités à regarder au delà des frontières des disciplines particulières ? Une bibliothèque admirablement fournie de toutes sortes d'auteurs, modernes ou anciens, des camarades de provenances et de tendances variées avec qui échanger des idées et faire assaut d'esprit critique, c'est plus qu'il n'en faut pour entretenir un feu sacré, pour faire de l'École un incomparable foyer de culture générale.

Ceux qui ont eu le privilège de traverser ce foyer gardent toujours à ce qu'il nous semble - si diverses que soient les situations qu'ils occupent dans l'enseignement comme hors de l'enseignement - un trait qui les rapproche : ils travaillent naturellement à défendre, à développer, en l'adaptant aux exigences des temps modernes, cette culture générale qui reste à leur yeux, en même temps qu'un des charmes, une des forces de notre pays.

Chapitre I

Chapitre II
SOCIOLOGIE

Luttes entre Anciens et Modernes, luttes aussi entre Secondaires et Primaires, luttes encore entre culture générale et spécialisation se retrouvent, se prolongent dans toutes les discussions françaises sur l'enseignement et les réformes qui lui sont nécessaires. Au milieu de ce tumulte et sur cette espèce de champ de bataille notre sociologie intervient-elle, pour quelles raisons et sous quelles formes ?

Vous m'excuserez de faire de cette question particulière le centre de nos réflexions d'aujourd'hui. Au sortir de l'École normale supérieure, agrégé de philosophie, j'ai choisi de donner à l'avancement de la science sociale le plus clair de mon temps, je me suis délibérément enrôlé dans l'équipe qui était en train de se former autour d'Émile DURKHEIM, l'équipe de *l'Année sociologique.* Il est donc compréhensible que je m'intéresse un peu spécialement aux travaux de cette école, aux espérances qui l'animaient, aux résultats qu'elle a obtenus, aux résistances aussi qu'elle a rencontrées. Au surplus, soyez sans crainte : un bilan de cette sorte sera autre chose qu'un examen de conscience personnel, il n'ira pas sans projeter quelques lueurs sur l'histoire générale, intellectuelle et aussi politique, de notre pays depuis 1871.

*

* *

1871 ! J'évoque exprès cette date, la date de notre défaite. Car c'est une défaite qui provoqua maintes méditations et suscita chez les intellectuels plus d'une résolution. Chose curieuse : pour préparer le redressement nécessaire, ce n'est pas sur l'esprit d'autorité que la plupart d'entre eux comptaient, mais sur l'esprit de vérité. La chose nous paraît curieuse aujourd'hui, dis-je. Car après une autre guerre et une autre défaite, nous avons cru constater chez le peuple le plus atteint une tactique toute différente : il semble bien que l'on compte dans l'Allemagne d'aujourd'hui moins sur l'esprit de vérité que sur l'esprit d'autorité...

Quoi qu'il en soit, dans la France d'alors l'état d'âme des savants était tout autre. Ils s'attachaient plus fermement que jamais à la

Célestin Bouglé

science et aux vertus que la recherche scientifique implique. Recommençant un cours sous les bombes, en plein Paris assiégé, l'un des maîtres de la philologie romane, Gaston PARIS, avertissait ses auditeurs qu'ils devaient laisser à la porte de la salle tous préjugés, même ceux que pouvait éveiller en eux le sentiment national le plus légitime. Délivrer la science de l'emprise du sentiment, habituer la jeunesse à la « discipline sévère et chaste » (c'est encore Gaston PARIS qui parle) du pur savoir, n'était-ce pas comme la devise de l'École pratique des Hautes Études ? À son exemple, les Facultés des Lettres se décidaient à pourchasser dans leurs cours la « littérature », entendez la rhétorique, le verbalisme qui oublie ou qui voile les faits précis dont toute connaissance scientifique a besoin, dans l'ordre des sciences morales ou, comme on aime à dire de nos jours, des sciences humaines, aussi bien que dans tous les autres. Et Louis LIARD qui devait bientôt, pour coordonner leurs efforts et étendre leur rayonnement, grouper les Facultés en Universités, s'expliquait à lui-même son action en disant qu'après 1871 la France avait besoin d'un bain de réalisme. Que voulait-il dire ? Que les Français devaient devenir utilitaires ? Non pas sans doute. Qu'ils devaient répudier tout idéalisme ? Il n'aurait pas été jusque-là, lui qui démontre justement que la science positive n'exclut pas, et au contraire suppose la métaphysique ; mais commencer par mieux connaître les réalités sociales, afin de mieux comprendre à la fois les bornes du possible et le poids du nécessaire, en d'autres termes, se rappeler que toute action collective méthodique suppose d'abord la connaissance du terrain, c'était le programme qu'il nous eût volontiers assigné.

Or, ce programme, la sociologie naissante ne se présentait-elle pas comme prête pour sa part à essayer de le remplir ? Alfred ESPINAS, l'auteur des Sociétés *animales*, dont l'action à la Faculté de Bordeaux devait préparer celle de DURKHEIM, a médité lui aussi sur nos désastres et songé aux moyens d'en éviter le retour. Il a concentré son attention sur l'individualisme, il a jugé dangereuse une attitude qui tend à persuader la personne humaine qu'elle est le centre du monde et la créatrice de la société. Le commencement de la sagesse n'est-il pas de se rendre compte que la société est une réalité ayant ses lois propres, avec lesquelles toute raison doit compter ? Contre le spiritualisme qui oppose le monde humain aux lois de la nature, aussi bien que contre l'individualisme qui met la personne au-dessus de la société, il prenait position en s'appuyant volontiers sur le naturalisme évolutionniste que SPENCER avait mis à la mode. Il aime à voir dans la société non « un faisceau de rapports abstraits, un milieu artificiel résultant de la rencontre des individus, mais un corps naturel organisé, auquel doit s'attacher une science spéciale ».

Tendances qui ne furent pas, en effet, sans alarmer la Sorbonne, où le spiritualisme était alors dominant. Des juges de sa thèse, e0nlule CARO et Paul JANET, s'étonnaient que dans sa préface le candidat au doctorat osât citer avec éloge, comme ses parrains, un Herbert SPENCER ou un Auguste COMTE. Il fallut laisser tomber la préface. Mais l'idée fit son chemin et la voie fut bientôt élargie.

*
* *

DURKHEIM prend à Bordeaux la suite d'ESPINAS. Et, se réclamant d'Auguste COMTE plus que de SPENCER, il entreprend de lancer une sociologie positive qui ne graviterait plus dans l'orbite de la biologie. Les faits sociaux étant, avant tout, selon lui, des représentations collectives qui s'imposent aux hommes en les unissant (ce qu'ESPINAS avait bien vu, à vrai dire, mais sans tirer de cette constatation toutes les conséquences logiques), l'étude des organismes est insuffisante pour nous faire prévoir les formes des organisations sociales. Il faut aborder directement, par la seule entremise des institutions humaines, l'étude objective des espèces de sociétés et des différents types de solidarité qui s'y manifestent. Un phénomène comme la division du travail, objet de la thèse de DURKHEIM, ne s'explique pas par la seule analogie des organismes : il a des causes et prend des formes, il porte des conséquences spécifiquement sociales qu'il appartient à une observation comparative des civilisations de déceler. Traiter les faits sociaux comme des choses, sans traiter pour autant les sociétés comme des organismes, y retrouver la conscience, mais en spécifiant que la conscience qui intéresse le sociologue est une conscience collective, tels étaient les deux préceptes essentiels que se donnait l'auteur des *Règles de la Méthode sociologique*.

Imitation allemande, a-t-on dit parfois. La conscience collective

Célestin Bouglé

n'est-elle pas la lointaine héritière du *Volksgeist*, sinon de *l'Esprit objectif* de HEGEL ? Et tous les historiens allemands de l'économie nationale ou du Droit et des Mœurs, n'ont-ils pas, avant DURKHEIM et pour son édification, mené les études comparatives de civilisations qu'il devait recommander ? D'autres après lui, qui sont devenus ses collaborateurs, ont été à leur tour étudier les sciences sociales en Allemagne.

Ce qui revient à dire, me demandera-t-on, que notre école sociologique française est avant tout un article d'importation venu d'outre-Rhin et que, comme il arrive, pour mieux déprendre votre jeunesse de la mainmise du vainqueur, vous avez commencé par imiter ses méthodes ?

Puisque ce singulier grief a paru - au temps où AGATHON menait campagne contre la Sorbonne - trouver quelque crédit, il faut nous y arrêter un bref instant. DURKHEIM qui avait la prétention d'édifier une sociologie de valeur universelle, et non pas d'y assembler, comme eût dit M. BARRÈS, des vérités françaises, mais des vérités tout court, n'eût certes pas renié sa dette envers l'Allemagne. Il est très exact qu'il a, comme firent plus tard tels de ses collaborateurs, étudié SCHMOLLER OU WUNDT, ROSCHER ou LAZARUS, et qu'il a essayé de dégager des leçons de leurs travaux. Est-ce à dire pour autant qu'il ne soit sur la terre de France que leur fidèle continuateur ? Il a rappelé lui-même que la terre de France a produit pour l'usage du sociologue plus d'un modèle tout proche de lui. Dans un article de la *Revue bleue* écrit à propos de l'Exposition de Paris de 1900, dans un chapitre du livre intitulé : *La Science française,* écrit à propos de l'Exposition de San Francisco de 1917, il a évoqué les Français qui peuvent lui servir de parrains. Et il faut avouer qu'en dépit de l'antithèse qu'on se plaît à instituer entre l'individualisme français et l'esprit sociologique, ils sont assez nombreux chez nous, ceux qui ont ouvert les voies aux recherches portant sur l'organisation et l'évolution des sociétés. Nous citions COMTE, inventeur du mot et auteur d'une sociologie à la fois statique et dynamique qui doit, en se constituant, achever l'emprise de l'esprit positif sur toutes les sciences. Mais COMTE lui-même cite MONTESQUIEU, MONTESQUIEU auquel DURKHEIM devait consacrer sa seconde thèse. Et COMTE loue MONTESQUIEU d'avoir compris, devançant les temps, que

Chapitre II

même les phénomènes politiques sont eux aussi soumis à des, lois naturelles. Ajoutons que les contemporains et les successeurs de MONTESQUIEU au XVIIIe siècle ne sont pas tellement prisonniers, de l'apriorisme invocateur de la nature, ils ne sont pas aussi fermés à la connaissance des faits historiques qu'on l'a répété et que COMTE paraît le croire. Il y a un bon nombre de connaissances positives, d'histoire du droit ou d'ethnographie, à la base du mouvement de l'Encyclopédie, comme M. René HUBERT l'a montré dans sa thèse. Et les leçons de CONDORCET ne sont pas à dédaigner, qui invite à chercher des rapports entre les progrès de l'esprit humain et les transformations des sociétés elles-mêmes.

Mais il est très exact que la réaction contre le philosophisme du XVIIIe siècle, accusé d'être le générateur de la Révolution, nous a apporté une deuxième moisson d'idées, où la sociologie peut trouver à s'alimenter. Les théocrates, effrayés du bouleversement dont la France a été le théâtre, détestent MONTESQUIEU aussi bien que ROUSSEAU. BONALD entend substituer à une philosophie du moi une philosophie du *nous* : dans cette société où le XVIIIe siècle voit un art, ajoute-t-il, je veux montrer une nature : entendez une réalité donnée - voulue par Dieu - et qui a ses lois propres. DE MAISTRE de son côté compare les sociétés à des arbres qui croissent lentement, et raille ceux qui croient qu'on les peut construire à coups de décrets. SAINT-SIMON retient quelque chose de leurs reproches à la raison raisonnante. Il lui veut à son tour préférer une raison observante. Il loue BONALD de lui avoir montré « l'utilité de l'unité systématique ». Et il entend commencer l'édification d'une sorte de physique sociale. Il oppose les périodes organiques, où tout se tient, harmonieusement, aux périodes critiques où tout tombe en déliquescence. Dans l'alternance de ces périodes, il montre la loi principale du développement de l'humanité, sorte de grand Être dont les organes sont les beaux-arts, les sciences, l'industrie. L'industrie prendra chez l'auteur du *Catéchisme des Industriels* un rôle croissant, elle tendra à devenir la reine du monde. Et c'est en s'appuyant sur une philosophie de l'histoire industrialiste que le saint-simonisme prétend édifier la science des sociétés.

Auguste COMTE, qui fut pendant près de sept ans disciple et collaborateur de SAINT-SIMON, est infidèle à l'esprit industrialiste de l'École. Sa philosophie à lui reste intellectualiste, puisque par la loi des trois états, par la substitution à la manière de pensée religieuse d'une manière de penser métaphysique, et à la manière de penser métaphysique d'une manière de penser positive, il explique jusqu'aux transformations des sociétés. Dans son système, la pensée mène, la société suit. Mais on voit assez que son système lui-même est une synthèse, que diverses influences convergent vers lui, et que l'avènement de la sociologie positive, en un sens, a été préparé en France même par un long travail collectif.

Est-il besoin d'ajouter que, au moment même où il formule son programme et élabore ses théories, d'autres penseurs sont à l'œuvre qui, se plaçant sur des terrains différents, ne contribuent pas moins à nous ouvrir les voies ? COURNOT, que l'auteur des Lois *de l'Imitation,* TARDE, salue comme un COMTE affiné, propose dans ses *Considérations sur la marche des idées et des événements,* ou dans son *Traité de l'enchaînement des idées fondamentales,* des distinctions fécondes entre la part du hasard et celle de la nécessité, ou entre la part de la spontanéité et celle du mécanisme dans l'évolution des sociétés humaines ; et il esquisse ce qu'on peut appeler déjà une critique de la raison historique. Un peu plus tard, Frédéric LE PLAY, ingénieur qui croit avoir trouvé dans le Décalogue les lois directrices des sociétés, nous invite à regarder de près ce que la civilisation d'aujourd'hui fait du travailleur et notamment de sa vie de famille. Et il incite ses disciples à multiplier les enquêtes, les monographies portant aussi bien sur les paysans des Fiords de Norvège que sur les ouvriers des Deux Mondes.

Ces quelques exemples suffisent. Ils tendaient seulement à vous rappeler que nos greniers d'idées sont assez pleins et que *si* nous avons besoin, pour mener nos recherches sociologiques de modèles ou de stimulants, nous n'avons pas à chercher bien loin.

*
* *

S'il est vrai que parmi ces traditions, Gabriel TARDE retient surtout celle de COURNOT, puisqu'il suspend les imitations, unificatrices du monde social, aux hasards de l'invention, c'est à celle de COMTE que s'attache fermement Émile DURKEEIM : c'est bien le programme de COMTE qu'il entend réaliser en constituant une sociologie positive, qui démontre pas ses succès que les faits sociaux sont eux aussi soumis à des lois. Esprit positif, donc, mais non pas esclave du système positiviste, il nous invite à nous défier des prénotions, à traiter les faits sociaux comme des choses, à ne pas nous en tenir aux impressions ou interprétations de la conscience individuelle. L'horreur qu'il a de tout dilettantisme l'amène à suspecter en Sociologie les essais de caractère littéraire où l'auteur se dérobe - comme il disait sévèrement - aux obligations ordinaires de la preuve. Être objectif d'abord, en matière de recherche sociale, c'est son ferme propos ; mais pour qu'une recherche soit efficace, encore faut-il que son objet soit limité. L'ambition d'Auguste COMTE était excessive qui pensait découvrir du premier coup la loi unique commandant l'évolution de l'« humanité », dans laquelle il semblait résorber toutes les sociétés, si différents que fussent leurs types. Il faut consentir à se spécialiser d'abord, à n'aborder qu'un certain nombre de problèmes. DURKHEIM retiendra pour sa part ceux qui concernent la morale et la religion, dont il cherchera les origines dans la constitution et les besoins de la société.

Il va sans dire que ces concessions faites à la nécessité de la spécialisation ne doivent pas nous faire perdre de vue l'idéal final qui est de réaliser une synthèse et de régénérer les sciences sociales particulières en orientant leur attention vers la vie des grands ensembles, au service desquels se mettent les diverses institutions sociales. Cette synthèse on a dit que DURKHEIM voulait la préparer en éliminant toute psychologie comme entachée de subjectivisme - en quoi il serait resté fidèle à l'inspiration d'Auguste COMTE qui ne fait aucune place à la psychologie dans sa classification des sciences. Qu'il y ait là une exagération manifeste, c'est ce que M. Charles BLONDEL a montré dans son *Introduction à la psychologie collective,* et pour COMTE, et pour DURKHEIM. Aux yeux de celui-ci la vraie réalité sociale repose sur des représentations ; mais ce sont des représentations collectives dont il ne faut pas méconnaître le caractère propre. Elles ne résultent pas d'une contagion d'esprit à esprit, elles sont le produit d'une sorte de synthèse chimique qui fait apparaître dans le tout plus qu'il n'y a dans les éléments constituants. D'où la constitution de manières de penser extérieures en quelque sorte et supérieures à l'individu, qui se présentent à lui revêtues d'une autorité contraignante. D'où la

Célestin Bouglé

formation de jugements de valeur où s'incorporent des consignes sociales.

*
* *

La ferme attitude de DURKHEIM, qui tient non pas à briller personnellement, mais à accumuler, pour les systématiser, le plus possible de connaissances vérifiables concernant l'organisation des sociétés, lui vaut un privilège assez rare en France : celui de grouper rapidement autour de lui une équipe de chercheurs, qui s'attellent allégrement à une besogne commune. C'est l'équipe de *l'Année sociologique : une* dizaine de professeurs agrégés dès la première, année de la publication, une trentaine à la douzième. Un trait à noter, c'est le grand nombre, parmi ces collaborateurs, des agrégés de philosophie. Bons connaisseurs de systèmes par conséquent, et devant garder de leur éducation première le souci des synthèses générales, la volonté de ne pas se contenter d'une micrologie qui aime le fait particulier pour sa particularité. Mais contre cette même éducation première ils entendent réagir au besoin, s'il est vrai qu'elle risquait de développer en eux le goût des spéculations abstraites, sinon de les incliner aux tentations du verbalisme. Ils vont donc courageusement se mettre à l'école des faits et chercher dans les produits des disciplines spéciales - histoire, linguistique, droit, économie politique, histoire des religions - les connaissances, positives qui doivent leur permettre de mieux comprendre la vie des groupes humains.

Par cette préoccupation s'explique le plan de *l'Année sociologique,* un plan en éventail. On cherche à dégager le résidu objectif des travaux parus non seulement en sociologie générale et en psychologie collective, mais en sociologie religieuse, morale et juridique, économique, esthétique, en statistique, en morphologie sociale. L'objet principal est de confronter les résultats généraux obtenus, dans ces divers ordres de recherches et d'amener les spécialistes à faire converger leurs efforts en leur rappelant à tous : 1° que les institutions qu'ils étudient sont les unes et les autres soumises à des lois, qu'il reste à dégager par des observations comparatives ; 2° que ces institutions sont elles-mêmes liées les unes aux autres, qu'elles forment des ensembles contribuant à faire vivre ces touts que sont les sociétés. Dans cette conception la sociologie apparaît

Chapitre II

moins comme une discipline à part, qui porterait toute son attention, sur le côté forme] des groupements - ainsi que le voulait G. SIMMEL - que comme une Synthèse des sciences sociales particulières.

*
* *

Le travail de recherche spécialisée auquel nous astreint cette conception n'exclut pourtant pas les idées générales, cela va de soi, il n'interdit ni les efforts de rénovation philosophique, ni l'espoir de contribuer, en agissant sur l'enseignement, à une meilleure orientation de l'éducation morale elle-même.

DURKHEIM tout le premier devait donner ici l'exemple. Capable de s'imposer les recherches les plus minutieuses comme le prouvent ses études sur le *Suicide ou* sur les *Formes élémentaires de la vie religieuse - il* ne se retient pas d'esquisser les remaniements que ses réflexions ou ses recherches lui permettent d'apporter aux doctrines classiques en vigueur dans notre enseignement. Celui qui étudie la façon dont s'impose la division du travail, condition nécessaire de la solidarité dans les sociétés modernes, ou la façon dont s'élaborent, dans les sociétés primitives, les grands concepts impératifs qui mettent de l'ordre dans la vie mentale en même temps que dans la vie sociale, celui-là est amené à voir sous un jour nouveau, en partant de réalités sociales dont le poids se fait partout sentir, la genèse non seulement des consignes de la conscience morale, mais des concepts et des principes de la raison. Il prépare ainsi un renouvellement de l'empirisme évolutionniste ; il expliquerait la formation des principes non plus par les influences qui montent de la nature, mais par celles qui descendent de la société. En tout ceci, DURKHEIM répète dans la préface de la 2e édition des *Règles de la Méthode sociologique* qu'il ne tend nullement au matérialisme, mais qu'il entend rester fidèle à l'esprit du rationalisme, impliquant que tout dans la société comme dans la nature doit être intelligible. Mais c'est un rationalisme qui nous invite à nous pencher sur les faits plutôt qu'à scruter les consciences : un rationalisme imprégné de positivisme.

De ce rationalisme renouvelé ne pourrait-on dès à présent tirer quelques conséquences pratiques, de nature à mieux orienter,

Célestin Bouglé

en particulier, l'effort des éducateurs ? Comme les grands esprits ses parrains, comme SAINT-SIMON, comme COMTE, «Émile DURKHEIM entend bien par son effort contribuer à remédier au malaise des sociétés modernes. Il dit quelque part que la sociologie à ses yeux ne vaudrait pas une heure de peine si elle ne devait un jour ou l'autre servir à éclairer les routes de l'action. Scientiste, certes, DURKHEIM est par-dessus tout puisqu'il tient qu'introduire dans les sciences humaines le souci supérieur de l'objectivité, c'est le plus signalé service qu'on puisse à l'heure actuelle rendre aux sociétés. Mais derrière le scientiste, le moraliste vit toujours, l'homme pour qui le devoir est la réalité par excellence, à la fois morale et sociale, et qui ne conçoit pas que la vie de l'individu puisse s'équilibrer sans une discipline. Souvenons-nous d'ailleurs que DURKHEIM eut à enseigner la pédagogie : c'est même sous le couvert de la science de l'éducation que la sociologie, à Bordeaux, puis à Paris, s'introduisit dans l'enseignement des Facultés. Et le livre posthume qu'on a publié de DURKHEIM, *l'Éducation morale*, révèle l'ardeur concentrée avec laquelle il s'efforçait d'aider, dans l'accomplissement de leur devoir envers la nation de demain, les maîtres de l'école laïque.

*
* *

Le problème de la laïcité reste posé en effet. Et les préoccupations qu'il impose à ceux qui veulent débarrasser pleinement l'enseignement public des tutelles de l'Église, expliquent pour une grande part - pour une part que nos amis, étrangers mesurent assez difficilement, ce me semble - l'attitude et les efforts, tant moraux qu'intellectuels, de beaucoup des grands maîtres de notre Université : un Octave GRÉARD, un Louis LIARD, un Ernest LAVISSE. La neutralité scolaire est souvent battue en brèche, dénoncée comme un mythe ou un mensonge. L'Église catholique qui, sous l'Empire, avait exercé sur l'Université un contrôle assez sévère (on se souvient encore à l'École normale supérieure, qu'un ides directeurs des études, M.VACHEROT, fut « démissionné » pour cause de panthéisme sur une dénonciation de l'aumônier GRATRY) - voyait avec regret lui échapper cette mainmise. D'où des luttes passionnées à la tribune du Parlement comme sur les places de village où l'instituteur et le curé se faisaient concurrence. L'école

Chapitre II

primaire publique fut décidément émancipée par les lois de 1882. Il fut entendu qu'on y enseignerait non seulement les éléments du savoir, mais ceux de la morale commune, abstraction faite des questions confessionnelles qui pouvaient diviser les enfants. Mais longtemps les adeptes des croyances religieuses contestèrent que l'école ainsi neutralisée pût exercer sur les consciences une action efficace. Neutralité, disaient-ils, c'est nullité. Et les partisans de la laïque - Ferdinand BUISSON en tête - s'efforcèrent de chercher pour l'enseignement moral dans les écoles une sorte de succédané des morales à base religieuse.

De cette préoccupation, on trouvera trace visible dans les premiers chapitres du livre posthume de DURKHEIM sur l'*Éducation morale* : « Nous avons décidé, dit-il, de donner à nos enfants, dans nos écoles, une éducation morale qui fût purement laïque ; par là il faut entendre une éducation qui s'interdise tout emprunt aux principes sur lesquels reposent les religions révélées, qui s'appuie exclusivement sur des idées, des sentiments et des pratiques justiciables de la seule raison, en un mot une éducation purement rationaliste. » Et l'un des résultats qu'il attend de la sociologie, c'est justement que, mettant à nu les réalités sociales dont les mythes religieux traduisent à leur manière la force, elle prépare les consciences à s'attacher directement au groupe qui leur ouvre les possibilités d'une vie spirituelle.

*
* *

Mais, au moment où se forment les ambitions intellectuelles de DURKHEIM, ce n'est pas seulement le problème de l'indépendance laïque, c'est la question sociale qui hante les esprits. Dans les milieux de jeunes universitaires on cherche avec, zèle, parfois avec angoisse, comment on pourrait bien, sans être forcé de bouleverser la société de fond en comble, donner satisfaction à des masses qui réclament leur dû avec une véhémence accrue. Ce redressement national auquel ESPINAS souhaitait de contribuer, on s'aperçoit qu'il ne saurait être mené à bien sans un progrès correspondant de la justice sociale. Il ne paraît pas douteux que DURKHEIM a perçu cette nécessité, et qu'il a compté que la sociologie, lui permettant de mieux comprendre la structure de la société présente et la phase de l'évolution qu'elle traverse, l'aiderait aussi à discerner ce qu'il

Célestin Bouglé

faut accorder, ce qu'il faut refuser au socialisme.

Notons, à ce propos, que dans certains essais d'inspiration marxiste, portant sur les mouvements récents de la pensée française, on présente le groupe qui s'est formé autour de DURKHEIM, l'équipe de l'*Année sociologique,* comme une sorte de bataillon de résistance, animé d'un esprit essentiellement petit-bourgeois et constitué tout exprès pour barrer la route au véritable socialisme. Tout ce que je puis dire à ce sujet, c'est que je ne reconnais nullement dans ce récit les tendances de la formation à laquelle j'ai participé. En fait, la plupart, la presque totalité des collaborateurs de *l'Année sociologique* - *le* plus modéré d'entre eux peut l'affirmer –grands amis du fameux bibliothécaire de l'École normale qui s'appelait Lucien HERR, étaient inscrits au parti socialiste, et plus d'un fut aussi collaborateur de *l'Humanité.* Quant à DURKHEIM lui-même, il ne se contente pas, dans ses cours, de résumer l'histoire des doctrines sociales et de rappeler un des premiers ce que la pensée moderne doit au saint-simonisme, il croit constater que la vie économique est livrée en effet à une anarchie qui ne saurait durer sans inconvénients graves : et il démontre qu'il est temps que les fonctions commerciales et industrielles soient rattachées aux fonctions directrices et conscientes de la société. Si on laisse subsister ce désordre, la division du travail elle-même apparaît comme « anomique ». Elle ne saurait produire les heureux effets de solidarité qu'on en pouvait légitimement attendre parce que l'égalité du point de départ n'est pas réalisée, qui permettrait à chaque individu de donner sa mesure et d'être mis à sa vraie place. Ce qui revient à dire que sous une forme ou sous une autre l'État doit intervenir dans l'organisation de la production comme dans celle de l'éducation.

Seulement, l'État devra toujours s'appuyer, pour que ces interventions soient efficaces, sur des puissances intermédiaires entre lui et l'individu, et qui sont des groupements professionnels. Sur l'importance de ces groupements, sur l'influence indispensable non seulement économique, niais morale qu'ils ont à exercer dans les sociétés modernes, DURKHEIM n'a cessé d'insister dans ses cours, développant de vingt façons l'idée qu'il indiquait dès la deuxième édition de sa thèse sur la *Division du Travail* en 1902. Et c'est pourquoi M. Marcel MAUSS est fondé à dire que les corporatistes de nos jours - qui essaient d'ailleurs de lancer des formes de groupements syndicaux assez différentes les unes des autres - pourraient, s'ils étaient plus savants, se réclamer de l'autorité de DURKHEIM.

Ajoutons un trait encore : à la fin des *Formes élémentaires de la vie religieuse,* lorsqu'il s'interroge sur le rôle que peuvent jouer dans l'avenir les réunions exaltantes où se forgent les enthousiasmes collectifs, il laisse entendre que leur temps n'est pas sûrement passé. Elles auront un rôle à jouer encore lorsque les sociétés éprouveront le besoin de s'atteler à quelque grand œuvre de réorganisation. Visiblement, c'est au socialisme qu'il pense alors, comme à une foi régénératrice.

Seulement, qu'il présente le socialisme en effet comme une foi, non comme une science, non comme la science sociale achevée, c'est peut-être justement ce qui inquiète, ce qui agace certains adeptes du matérialisme historique, qui croient avoir découvert dans cette doctrine le système sociologique complet et parfait, après lequel il n'y a plus qu'à tirer l'échelle. Et il est vrai que DURKHEIM n'avait pas abandonné la philosophie de l'histoire de COMTE pour adopter telle quelle la philosophie de l'histoire de MARX. De celui-ci comme de celui-là l'ambition intellectuelle lui semblait prématurée. Avant qu'on arrivât à des lois d'évolution de cette envergure, valables pour l'humanité entière, il fallait des recherches comparatives précises, portant sur les différents types de sociétés comme sur les diverses formes d'institutions. Et ces recherches devaient être menées en toute liberté d'esprit, en toute objectivité scientifique, sans que le chercheur se laissât distraire par aucune prénotion religieuse ou laïque, socialiste ou individualiste.

*

* *

Nous avons analysé assez longuement l'état d'esprit de DURKHEIM, et derrière ses préceptes de méthode essayé de discerner ses tendances morales. C'était à seule fin de vous faire comprendre l'espèce d'attraction qu'il a exercée, et pourquoi tant de jeunes hommes, hantés eux aussi par le problème du redressement national, par celui de l'émancipation laïque, par celui de l'organisation économique et sociale, désireux d'autre part de chercher un

Célestin Bouglé

chemin à égale distance d'une spéculation trop abstraite et d'une érudition trop menue, choisirent de se ranger autour de lui et de travailler sous sa direction à faire avancer la connaissance positive des sociétés.

Ceux d'entre eux qui devaient assumer dans l'Université des fonctions administratives et exercer sur tel ou tel ordre d'enseignement une action réformatrice ne pouvaient manquer de se souvenir de ses leçons. Il était quasi inévitable qu'ils fussent tentés de s'appuyer sur lui dans l'œuvre d'éducation morale à laquelle ils se trouvaient associés.

Dans l'enseignement primaire surtout, et notamment dans les Écoles normales où se trouvent réunis de jeunes élèves-maîtres issus du peuple et qui retourneront enseigner ses enfants demain, il était plus urgent peut-être qu'ailleurs de rénover l'enseignement en l'appuyant sur une connaissance aussi objective que possible des faits sociaux. N'était-ce pas dans ces milieux surtout que se posaient avec acuité les problèmes de la défense laïque et de la justice sociale ? Et ne disait-on pas que, dans des milieux aussi, les questions posées se trouvaient aussitôt résolues avec un simplisme, un manque de mesure et une absence de nuances caractéristiques de ce qu'on appelait la mentalité primaire ?

Du désir de parer à ces dangers ou de répondre à ces critiques est née l'idée de la réforme des Écoles normales à laquelle reste attaché le nom de mon ami Paul LAPIE, ancien collaborateur de *l'Année sociologique,* devenu directeur de l'enseignement primaire au Ministère de l'Éducation nationale.

Paul LAPIE, fils lui-même d'un maître d'école, était profondément persuadé qu'il était nécessaire d'élever le niveau intellectuel des futurs maîtres d'école, et notamment de leur dispenser plus méthodiquement cette culture générale dont nous avons tant parlé, alimentée de connaissances assez larges et assez variées pour stimuler la réflexion personnelle.

Lorsqu'il s'agit d'un métier comme celui d'éducateur, cette culture-là n'apparaît-elle pas comme la condition vitale de l'apprentissage professionnel lui-même ? C'est en forgeant qu'on devient forgeron sans doute. Mais c'est en élargissant son horizon et en assouplissant son esprit qu'on se prépare à devenir un bon éducateur. Surtout dans une démocratie où les futurs citoyens, à quelque classe qu'ils appartiennent, ont besoin d'être préparés à devenir eux-mêmes des esprits libres.

Dans le plan que dressa Paul LAPIE pour rénover et rehausser l'enseignement dans les Écoles normales, l'enseignement de la sociologie occupe une grande place, une place d'honneur. Dès longtemps on donnait aux futurs instituteurs, d'une part des notions d'instruction civique, d'autre part des notions d'économie politique. Paul LAPIE proposa qu'on subsumât en quelque sorte ces deux enseignements dans un enseignement plus général, dont les grandes lignes s'inspiraient du style sociologique.

Dans les cours intitulés *Notions de sociologie appliquées à la morale et à l'éducation*, le professeur, qui devait être le directeur de l'École en personne, était invité à faire réfléchir ses élèves sur les rapports de l'individu avec la société, puis sur les principaux problèmes de la sociologie économique, domestique, politique. Le cours devait se terminer par quelques remarques sur la religion, l'art et la science au point de vue sociologique.

Quelles inquiétudes ce malheureux programme n'allait-il pas susciter ! Et même quelles colères ! Une fois de plus passions politiques et tendances pédagogiques se mêlèrent pour provoquer des explosions. On cria au socialisme, à l'irréligion. Pour avoir voulu introduire le cheval de Troie au cœur de la ville, M. Paul LAPIE faillit être démis de ses fonctions par M. Léon BÉRARD, défenseur des humanités classiques, et qui ne souffrait pas qu'on prétendît donner au primaire cet *ersatz* d'humanisme qu'on appelait sociologie. Le débat fut porté jusque devant l'Académie des sciences morales et politiques où je fus invité moi-même à m'expliquer. Qu'on ne croie pas ces feux tout à fait éteints. Il y a quelques années, peu de temps avant la publication du *Bilan de la sociologie française contemporaine*, paraissait un livre intitulé : Comment *juger la sociologie contemporaine ?* auquel un certain nombre de penseurs catholiques ont collaboré : M. Georges GOYAU citait cette phrase de M. IZOULET, qui fut pendant vingt ans titulaire de la chaire de sociologie au Collège de France : « L'obligation d'enseigner la sociologie de M. DURKHEIM dans 200 écoles normales de France est le plus grave péril national que notre pays ait connu depuis longtemps. »

Célestin Bouglé

En tout cas, sans aller jusqu'à prédire que cet enseignement dût mener aux abîmes, beaucoup contestaient qu'il pût mettre les esprits sur le chemin des sommets, ils contestaient sa valeur éducative, ils contestaient qu'il pût donner naissance à une culture, formatrice des cœurs en même temps que des intelligences.

Essayons donc, sans réveiller l'ardeur de ces polémiques, de chercher posément à préciser ce qu'on peut, ce qu'on ne peut pas attendre, pour la formation intellectuelle et morale de la jeunesse, d'un enseignement d'esprit sociologique.

Il y a quelques années, lorsque le programme dressé par M. LAPIE parut menacé, j'eus l'occasion de mener à ce propos une enquête auprès d'un bon nombre de directeurs et directrices d'écoles normales, dont beaucoup avaient été mes élèves. Leurs témoignages, sur lesquels je vais m'appuyer, me permettent peut-être de préciser les idées.

Un enseignement d'esprit sociologique est celui qui insiste sur la réalité propre des groupements humains, sur les institutions diverses - politiques, juridiques, économiques - grâce auxquelles ils se maintiennent, sur les croyances, religieuses ou philosophiques, qui sous-tendent et soutiennent ces institutions, sur les transformations qu'elles subissent. Enseignement qui s'appuie, comme on le voit immédiatement, sur l'histoire, réservoir de renseignements touchant la structure et l'évolution des sociétés humaines, mais qui à l'histoire proprement dite ajoute quelque chose : ce quelque chose c'est un effort pour comparer entre elles les sociétés dans leur évolution comme dans leur structure, et pour dégager de cette comparaison, si possible, des types et des lois.

Veut-on quelques exemples pour préciser ces notions ? Le professeur sociologue essaiera d'indiquer comment l'on passe en divers pays, du régime des clans à celui des cités, ou de l'économie domestique fermée à l'économie ouverte aux échanges, ou de la vendetta à la justice d'État. Il donne ainsi l'impression que sous le flux de la vie sociale, se cachent un certain nombre de régularités, difficiles sans doute à dégager, mais dont l'action est indéniable et la connaissance précieuse.

*

Chapitre II

* *

Dans quel état d'esprit un pareil enseignement a-t-il chance de placer les élèves ? En trois mots, il nous paraît propre à développer le souci d'objectivité, le sens du relatif, le sentiment de la solidarité.

L'objectivité, c'est ce qui nous manque le plus en matière sociale. C'est ici surtout que les jugements de valeur se mêlent le plus souvent aux jugements de réalité, les sentiments aux constatations. Et c'est pourquoi la plupart des renseignements deviennent facilement tendancieux. Cela saute aux yeux lorsqu'il s'agit des questions sociales contemporaines, où la réalité est comme systématiquement masquée par l'appréciation. Mais cela est vrai aussi des âges lointains. On se souvient, dans le monde des historiens, des luttes soutenues par FUSTEL DE COULANGES contre ses collègues d'Outre-Rhin à propos des institutions germaniques. De part et d'autre la passion nationale soufflait son feu, peut-on dire, jusque sur la nuque des érudits.

Si l'on fait effort pour étudier systématiquement un certain nombre de sociétés sous l'angle qui le rapproche, si l'on concentre son attention sur les évolutions analogues des institutions, peut-être est-on mieux préparé à comprendre que les types de sociétés sont - toutes choses égales d'ailleurs - des réalités consistantes comme les types de plantes ou d'animaux. On est ainsi conduit à adopter une attitude analogue à celle du naturaliste, et à comprendre que pas plus que lui, quand il s'agit des espèces animales on ne saurait inventer les structures sociales ; il ne saurait suffire, pour savoir comment elles se constituent et évoluent, de se replier sur soi. Il faut consentir, d'abord, à observer du dehors, l'observateur faisant abstraction de ses sentiments, de ses traditions, de ses impulsions, décidant enfin, pour reprendre le précepte durkheimien, de traiter les faits sociaux comme des choses. Le respect du fait d'abord, le goût d'une observation méthodique, scrupuleuse en matière sociale, si un enseignement sociologique réussissait à le communiquer aux jeunes générations, ne serait-ce pas déjà un point de gagné ? Et les caractères eux-mêmes n'en recevraient-ils pas, à travers les intelligences, une influence heureuse ? Un enseignement sociologique servirait ici d'antidote à ce qu'on peu appeler l'enseignement journalistique de tous les jours. Il nous garantirait contre les entraînements passionnels auxquels on nous incite, en

Célestin Bouglé

nous munissant de cette dose d'esprit critique qui est, en matière sociale, la condition première de l'esprit positif.

*

* *

Mais comme l'a indiqué Auguste COMTE lui-même, le positivisme ne va guère sans le relativisme lorsqu'il s'applique à l'histoire. Est relativiste en matière sociale celui qui se rend compte que telle institution, telle procédure, telle manière de produire, de contracter ou d'enseigner convient à un certain type de société, ou à une certaine phase de l'évolution sociale sans convenir pour autant à d'autres phases, à d'autres types. C'était déjà, nous l'avons vu, la leçon de MONTESQUIEU, et c'est une leçon que DURKHEIM ne devait pas oublier. N'est-ce pas lui qui insiste sur l'idée que les consignes morales tendent à varier, en fait, comme varient les structures sociales ? Pour prendre un exemple, c'est lui qui nous avertit que la dose d'individualisme acceptée, réclamée par les sociétés contemporaines aurait été, pour une société comme la société romaine, intolérable.

Est-il besoin d'insister sur l'antithèse qui s'établit entre cet état d'esprit relativiste et l'utopisme bouleversant, ne tenant nul compte des réalités sociales, dont on paraît craindre l'invasion dans la jeunesse universitaire, et notamment dan. celle qui est formée par les Écoles normales ?

En vérité, le relativisme est bien plutôt un antidote de l'utopisme. Il nous aiderait plutôt à réagir, si besoin était, contre cet universalisme abstrait qu'on a reproché, depuis TAINE, à la pensée de la Révolution française.

La même instruction éducative aiderait aussi, peut-être, à réagir contre l'excès d'individualisme qu'on nous a maintes fois reproché. « Je veux désormais agir, dit à sa mère en pleurs le Coriolan de SHAKESPEARE, comme si j'étais né de moi-même. » Parole qui révèle l'intraitable orgueil d'un jeune dictateur en herbe, qui ne craint pas de rompre avec les liens les plus sacrés pour affirmer sa personnalité. Du grand au petit, et avec moins d'ampleur dramatique, cette attitude est celle de tous les individualistes forcenés, qui refusent toutes les formes du devoir social, et prétendent agir comme s'ils étaient nés d'eux-mêmes. Tout enseigne-ment sociologique dénonce à sa manière l'insanité de cette prétention. Car tout enseignement sociologique est une leçon d'interdépendance. Les corrélations entre les diverses institutions - économiques, politiques, juridiques - à l'intérieur d'une même société, l'impossibilité pour cette société de sauter hors de son ombre, de rompre en visière avec toutes les traditions qui donnent élan à son mouvement, la multiplicité des moyens d'action qu'elle met à la disposition de l'individu, et aussi les contraintes qu'elle exerce sur lui, autant de leçons frappantes : elles nous montrent le réseau des forces par lesquelles nous sommes soutenus, et contenus : elles nous rappellent l'étendue de notre dette envers le groupe et qu'il serait vain autant qu'injuste de ne penser qu'à nous-même comme de ne vouloir agir que par nous-même. Enseignement solidariste pourrions-nous dire, pour reprendre le mot que nous avions lancé peu de temps après que Léon BOURGEOIS eût publié son petit livre : Solidarité.

*
* *

Mais entendons-nous bien ; solidarité, interdépendance, poids des traditions, nécessité des connexions, cela ne veut pas dire pour autant écrasement de l'individu, conseil de soumission à l'autorité, sans réserve ni critique. Sinon, ce serait avouer que la sociologie donne raison aux régimes totalitaires, qui se vantent de faire litière des droits de la personne humaine. Et c'est un aveu qui eût brûlé les lèvres de DURKHEIM. Tout le premier il a distingué entre deux forme de solidarité : celle qui uniformise, celle qui différencie. La première est contraignante et ne tolère pas la liberté des consciences individuelles, la seconde au contraire admet, appelle cette liberté, à la seule condition que les personnalités libres acceptent l'ordre contractuel qui leur permettra, après avoir discuté en égales, de travailler en collaboratrices. Une solidarité qui s'oriente vers la justice et la liberté n'était-ce pas la vocation de l'Occident des temps modernes ? La sociologie n'était pas la dernière à justifier à sa façon cette vocation elle-même.

Je viens de résumer l'effort qui me paraît caractéristique de notre école sociologique et les espérances qui nous ont soutenus lorsque nous avons introduit des notions de sociologie dans l'enseignement Mais l'enseignement ainsi rénové est-il capable de donner aux futurs maîtres la culture générale rêvée ? Beaucoup en doutent, je

Célestin Bouglé

dois l'avouer, parmi lesquels nous trouvons, non pas seulement des croyants traditionalistes, mais des philosophes critiques. Et C'est pourquoi il nous faut nous élever, pour achever notre tour d'horizon, de la sociologie à la philosophie qui tient, comme on sait, dans notre enseignement du second degré une place privilégiée.

Chapitre II

Chapitre III
PHILOSOPHIE

Entrons dans une classe de philosophie de nos lycées. C'est un observatoire excellent. Non seulement on y peut prendre la température de la jeunesse et sentir l'action des préoccupations du moment, mais aussi voir à l'œuvre quelques-unes des traditions les plus caractéristiques de la France, notamment celle qui tend à faire prédominer dans l'enseignement le souci de la culture générale et de la réflexion personnelle.

On sait qu'il n'y a guère qu'en France que la philosophie soit enseignée dans les lycées et collèges. Presque partout ailleurs on réserve à l'enseignement supérieur le soin d'initier les étudiants aux grands problèmes qui ont occupé les PLATON et les ARISTOTE, les LEIBNITZ et les KANT, à ceux qui concernent les rapports de l'esprit avec la nature, de l'homme avec le monde, de l'individu avec la société. Chez nous, on tient à ce que cette initiation ait lieu avant la 2e partie du baccalauréat, et que l'élève de 16 ou 17 ans, avant d'être admis dans les Facultés, ait fourni la preuve qu'il comprend quelque chose à ces graves questions, ailleurs tenues pour abstraites. Pendant huit *heures par* semaine on l'invite à suivre un cours qui le promène à travers la psychologie, la logique, la morale, pour le conduire au seuil de la métaphysique. On estime qu'un pareil enseignement est comme le couronnement nécessaire de tous les enseignements distribués dans les établissements du second degré, où se préparent le plus directement les élites. Le secondaire manquerait à sa mission, semble-t-il, s'il ne leur distribuait ce viatique.

À vrai dire, tous ceux qui sont formés par nos lycées et collèges ne participent pas au même degré à cette initiation. Il en est qui après la première partie du baccalauréat se présentent, pour la seconde partie, à un examen dont le centre est formé par les mathématiques et non par la philosophie. Mais, même dans les classes dites de mathématiques élémentaires, une place est faite à la philosophie. Trois heures par semaine, les candidats doivent étudier la logique et la morale. Ils auront à répondre sur ces matières tant à l'écrit qu'à l'oral. Ajoutons qu'à l'entrée de certaines Grandes Écoles,

les mêmes préoccupations se font jour. L'École Polytechnique, où se forment officiers d'artillerie et ingénieurs, accorde une prime de 15 points aux candidats pourvus du baccalauréat de .philosophie. Pour l'École militaire de Saint-Cyr, les candidats sont interrogés à l'oral sur les matières de philosophie enseignées dans les classes de mathématiques élémentaires. Presque partout en somme, lorsqu'il s'agit des conditions d'accès aux carrières libérales, se révèle chez les rédacteurs de programmes et organisateurs de concours une confiance particulière dans les vertus éducatives de la philosophie. On compte sur elle, à ce qu'il semble, pour empêcher les esprits de se laisser mécaniser trop tôt, pour les aider à réagir contre l'étroitesse de la spécialisation, pour les élargir, les assouplir, les libérer.

*
* *

Peut-on dire que ce souci perce déjà, sous l'ancien régime, dans ces Collèges de Jésuites qui ont élevé la plus grande partie de l'élite bourgeoise, et dont nous avons conservé plus d'une tradition ? L'enseignement humaniste (très poussé dans ces institutions : on discutait en latin) s'y terminait par deux années de philosophie où restait à peu près la moitié des élèves. La deuxième année était consacrée à la physique, qui était au moyen âge une des quatre parties de la philosophie. La logique, la métaphysique et la morale étaient enseignées dans la première année. Le fond en était fourni par la scolastique dont le régent dictait les formules en latin. C'était ce même enseignement qui avait provoqué les dégoûts de DESCARTES, et contre lequel, pour donner essor à sa pensée de découvreur, il avait dû lutter avec l'énergie que l'on sait. Un pareil enseignement se préoccupait plus de discipliner que de libérer, de maintenir une tradition religieuse, centre de toute l'éducation, plutôt que d'éveiller les réflexions personnelles. Il s'agissait de retrouver des vérités imposées plutôt que d'en découvrir de nouvelles.

On eût rencontré un tout autre esprit, comme il est naturel, dans les Écoles centrales imaginées par les hommes de la Révolution pour remplacer les Collèges de Jésuites. Les hommes de la Révolution préféraient, pour la formation des jeunes esprits, les sciences positives aux lettres antiques. Ils comptaient moins d'ailleurs sur l'accumulation du savoir que sur le développement de la raison pour une culture générale à base de liberté. Conception très moderne, comme l'a montré dans son dernier livre l'ancien directeur de l'Enseignement secondaire, M. Francisque VIAL *(Trois siècles d'enseignement secondaire)*. Mais avant qu'elle trouvât moyen de l'appliquer largement, la France devait subir plus d'une secousse, traverser plus d'une période de réaction.

NAPOLÉON, comme l'on sait, n'aimait pas les idéologues. On répète souvent cette formule en lui donnant une portée très générale : elle traduirait la défiance d'un génie réaliste à l'égard des idéalistes, de ceux qui voudraient éliminer dans l'ordre social la brutalité des lois naturelles. Thème plus d'une fois repris, en effet, de nos jours, par les dictateurs que vous connaissez. Mais, on réservait le nom d'idéologues, du temps de BONAPARTE, aux philosophes de tendance sensualiste, se rattachant à LOCKE et à CONDILLAC plutôt qu'à DESCARTES, et expliquant à partir de l'expérience sensible la formation des idées de la raison. Or, il se trouvait que les principaux membres de cette École - les DESTUTT DE TRACY, les DAUNOU - étaient en même temps fidèles aux principes de la Révolution : c'étaient des sensualistes libéraux. C'est pourquoi l'Empereur désirait la constitution d'une nouvelle école philosophique qui le débarrasserait des idéologues « en les tuant sur place par le raisonnement ». À TALLEYRAND qui lui rapportait ce mot, ROYER-COLLARD répondait : « L'Empereur se méprend, DESCARTES est plus intraitable au despotisme que LOCKE. » Victor COUSIN reprend le même thème lorsqu'il part en guerre contre le sensualisme : « Trop longtemps nous avons voulu être libres avec la morale des esclaves. » Il voulait faire entendre que le libéralisme avait besoin pour le soutenir d'une philosophie spiritualiste, celle-là même qu'il était en train de reconstituer. Grand lecteur de PLATON, admirateur de HÉGEL qu'il était allé interroger, il pouvait se réclamer aussi d'une partie de la doctrine cartésienne, celle où l'on voit le grand douteur retrouver à sa façon des thèses traditionnelles, l'existence de l'âme, l'existence de Dieu, l'existence d'un monde extérieur distinct de l'âme et de Dieu. Thèses bien propres à barrer la route aux doctrines que le père GAR &SSE dénonce dès le XVIIe siècle comme doctrines de la nature : matérialisme, scepticisme, athéisme ; thèses bien faites, du même coup, pour favoriser le rapprochement, la réconciliation entre les universitaires philosophes et les tenants de la religion catholique. Victor COU-

Célestin Bouglé

SIN tenait particulièrement à cet atout. C'est en apologiste non pas de la Révolution, mais de la Restauration qu'il se dresse, justificateur de la Charte et défenseur du juste milieu. Il se vante d'élaborer un système qui repousse également la démagogie et la tyrannie, étant l'allié naturel de toutes les « bonnes causes », de toutes les « saines doctrines ». Au premier rang desquelles, naturellement, il faut placer les dogmes catholiques. Il convient de se rappeler toujours la défiance que la classe de philosophie, restaurée en 1809, devait inspirer aux gardiens de l'autorité spirituelle qui espérait bien, à cette époque, regagner beaucoup du terrain perdu. On avait redressé cette chaire dans les collèges qui remplaçaient les Écoles centrales. Mais dans la chaire, ce n'était plus un jésuite qui parlait. C'était un maître laïque. Les maîtres de cette Université d'État, à qui on avait confié alors le monopole de l'Enseignement dont l'Église avait si longtemps joui, n'allaient-ils pas entraîner l'élite de la jeunesse bourgeoise en des voies dangereuses ? Il leur fallait donc, surtout s'ils étaient philosophes, donner des gages, apaiser des rancunes, désarmer des suspicions. Grand maître de l'Université et conseiller impérial de l'École normale, Victor Cousin recommandait volontiers à ses élèves - formant ce qu'il appelait son régiment de philosophes - de commencer, lorsqu'ils seraient envoyés pour faire une classe en province, par une visite à l'évêque, et de se garder d'attirer sur eux, par des incartades de paroles, ses saintes colères. Lui-même pour avoir affirmé que Dieu était aussi nécessaire au monde que le monde à Dieu n'avait-il pas été soupçonné de panthéisme ? Panthéisme : accusation grave entre toutes, lorsque l'Église la brandissait ; des générations de professeurs de philosophie dans la première partie du XIXe siècle ont tremblé sous cette menace.

Cela n'empêchait pas la plupart d'entre eux de rester libéraux, et de tourner vers le libéralisme l'esprit de leurs élèves. Et c'est pourquoi, après 1848, la classe de philosophie devait être normalement suspecte au Second Empire. En 1852, l'agrégation de philosophie fut supprimée et les Normaliens étroitement surveillés. Ceux qui étaient suspects, - les BERSOT, les TAINE, les SARCEY, - connurent toutes sortes de tribulations. À l'École elle-même, VACHEROT, sous-directeur, surveillant trop libéral, auteur d'une *Histoire de l'École d'Alexandrie* qui l'amenait à avoir l'air de mettre en discussion les dogmes chrétiens, accusé lui aussi de panthéisme, VACHEROT avait dû démissionner, sous la pression de l'abbé GRATRY, aumônier de l'École. C'est dire que nous avons connu, en ce temps-là, un régime analogue, toutes choses égales d'ailleurs, à ce qu'on appelle aujourd'hui les régimes totalitaires. Or, par définition, les régimes totalitaires ne peuvent guère avoir de sympathie - l'expérience le confirme abondamment - pour ce que BERSOT nommait la « libre philosophie ».

*
* *

Inversement, et également par définition, pourrait-on dire, un régime républicain doit se montrer hospitalier à cette libre philosophie : il doit se réjouir de voir l'enseignement secondaire se terminer par une classe qui ouvre largement les fenêtres du lycée sur le monde et invite les élites intellectuelles, dont plus que tout autre régime une démocratie a besoin, à prendre l'habitude d'aborder les plus grands problèmes avec les méthodes de la réflexion désintéressée.

Trait digne de remarque : au lendemain de la défaite où le Second Empire avait conduit nos pères, ce n'est pas sur je ne sais quelle restauration des méthodes d'autorité que les grands universitaires ont compté pour le redressement national qui s'imposait. Ils n'ont pas prêché, eux, la défiance à l'égard de la raison. Bien plutôt ont-ils rappelé qu'aucune tradition, aucun sentiment, fût-ce le patriotisme le plus respectable, ne doit nous détourner de nous soumettre à ce que Gaston PARIS devait appeler dans un discours de réception à l'Académie, la discipline sévère et chaste de la recherche méthodique. Par la liberté vers la vérité, c'était, pourrait-on dire, la commune devise des universitaires républicains de cette première période, de ceux qui développaient l'École pratique des Hautes Études, comme de ceux qui préparaient la réorganisation des Universités.

Comment les uns et les autres auraient-ils été défavorables au maintien de cette classe hybride qu'était la classe de philosophie, transition naturelle entre l'enseignement secondaire et l'enseignement supérieur, où la culture générale préparée dès les premières classes trouve son épanouissement, où le jeune homme, avant d'opter pour une carrière, avant de se lancer dans des études spéciales approfondies, est invité à une sorte d'examen de conscience qui implique un essai de coordination des connaissances qu'il a pu acquérir ?

Aussi bien, au milieu de tant de réformes qu'a subies l'enseignement secondaire depuis 1870, jamais, ni dans les Conseils de l'Université, ni dans les Enquêtes officielles, la classe en question n'a été sérieusement menacée. Elle a passé sans encombre à travers les plus grosses tempêtes. Il y eut bien, dans la presse, quelques critiques à l'égard de l'institution singulière qui plongeait brusquement, disait-on, la jeunesse dans les mystères de l'infini. Sous le titre : « Une classe à supprimer », une brillante campagne fut menée dans la *Revue bleue* par M. VANDÉREM. Et l'intérêt qu'elle suscita amena peut-être le Ministère à proposer dans les programmes quelques légers remaniements, comme à offrir aux maîtres quelques conseils de prudence. Mais la classe fut maintenue. Le principe de la philosophie au lycée ne fut pas un instant en question. M. POINCARÉ en personne - alors Ministre de l'Instruction publique - insista sur les services qu'elle rendait, sur les raisons pour lesquelles une démocratie devait chercher à en étendre l'influence. Et lors de la réforme de 1902, M. Léon BOURGEOIS, sollicité d'économiser une année de lycée pour les futurs médecins, refusa net de faire porter l'économie sur la philosophie, la considérant comme aussi utile à la culture générale des esprits qu'étroitement liée à la cause des idées libérales. M. Henry MICHEL, professeur au lycée Henri IV et rédacteur au journal *Le Temps*, en félicitant le Ministre d'avoir sauvé une classe qui, disait-il, est depuis 15 ans le grand succès de l'enseignement secondaire, faisait suivre ses félicitations de ces lignes qu'il faut citer textuellement, tout un programme y est condensé :

« L'enseignement philosophique qui ne va pas, comme le disent parfois ceux qui regardent superficiellement aux choses, à l'encontre de la science, mais qui superpose au monde de la science un autre monde, celui de la conscience ; qui fait voir que le monde de la science est un monde d'apparences bien liées, tandis que le monde de la conscience est par excellence le monde de la réalité : qui fait voir que l'esprit, c'est-à-dire la volonté et la liberté sont le vrai fond de l'être ; cet enseignement philosophique devrait apparaître de plus en plus à la démocratie comme la garantie supérieure de ses droits et de ses libertés. Les mots de liberté et de droit gardent-ils un sens, si on les sépare de cet ensemble d'idées et de convictions où les hommes du XVIIe siècle ont cherché et trouvé la force d'accomplir de si grandes choses ? »

Dans ces apologies, distinguons pour les examiner successivement, deux thèmes principaux. La classe de philosophie, nous dit-on, 1° habitue les jeunes gens aux idées générales ; 2° leur apprend à penser librement.

En quel sens et par quels moyens la classe de philosophie incline-t-elle les jeunes gens vers les idées générales, et vers quelles sortes d'idées générales ? C'est ce que les *Instructions ministérielles* de 1890 permettent déjà de préciser. Elles accompagnaient des programmes où se retrouvaient les divisions traditionnelles :

I.   Psychologie (Étude, tant par les méthodes objectives que par l'introspection, de la sensibilité, de l'intelligence, de la volonté).

II.   Logique (Logique formelle et logique appliquée. Méthodes des sciences, exactes, physiques et naturelles, morales).

III.   Morale (Les principes, les devoirs : envers soi-même, envers nos semblables, la famille, la patrie).

IV.   Eléments de métaphysique (De la valeur objective de la connaissance à l'immortalité de l'âme).

On voit, par ce, programme, que le professeur de philosophie est invité à apporter à ses élèves un certain nombre de connaissances de fait pour eux assez nouvelles (concernant, par exemple, tels résultats obtenus par les méthodes objectives en psychologie). Mais surtout il incite ses élèves à réfléchir sur les connaissances qu'ils ont pu antérieurement acquérir en suivant soit des cours de lettres, soit des cours de sciences. Il les incite à réfléchir sur ces connaissances en cherchant à les coordonner, et éventuellement à les dépasser pour qu'ils puissent enfin se préparer à choisir, en connaissance de cause, ce qu'on appelle une conception du monde. En ce sens, la classe de philosophie remplit une fonction unificatrice irremplaçable. « Elle est le couronnement des études, affirment les Instructions, et elle est la synthèse des lettres et des sciences. Par la psychologie et la morale elle donne l'unité aux lettres, par la logique et la métaphysique elle donne l'unité aux sciences, le tout ramené à l'unité de l'esprit humain. »

*

* *

Le programme est magnifique. L'application est difficile, on s'en doute. Pour que le fronton du temple tienne bon, il faut à l'entrée deux forts piliers : culture littéraire et culture scientifique. La culture littéraire est traditionnellement assez poussée dans nos lycées. On fait tout ce qu'on peut pour y maintenir au premier plan - envers et contre des courants puissants - l'humanisme classique. Et c'est sur cet humanisme, mettant l'adolescent en contact avec les textes des plus grands écrivains, et l'obligeant, pour comprendre ces textes à fond, à des exercices d'assouplissement intellectuel incomparables, que l'on comptait surtout, pour ouvrir les esprits aux réflexions philosophiques.

Mais la culture scientifique dans nos lycées était-elle de même valeur ? Il faut le concéder : pendant de longues années, les bacheliers ès lettres première partie n'ont été pourvus que d'un bagage scientifique fort mince ; ils semblaient bien incapables de réfléchir philosophiquement, en connaissance de cause, sur les principes et les résultats des sciences, mathématiques ou physiques, qui leur étaient trop pou familières. Frappés de cette inégalité, les ministres de l'Instruction publique et leurs collaborateurs ont essayé à plusieurs reprises, d'introduire dans les classes dites de lettres une dose plus forte de science.

Le meilleur moyen de familiariser les littéraires avec la discipline des sciences n'était-il pas d'imposer à toutes les sections le même programme scientifique, qu'il s'agit de mathématiques, de physique ou de sciences naturelles ? Les réformateurs de 1925 l'ont cru, Et c'est pourquoi ils ont décidé ce qu'on a appelé l'égalité scientifique. La réforme est très discutée à l'heure qu'il est. On l'accuse de ne pas tenir assez grand compte de la variété des aptitudes ni de la nécessité des spécialisations. Mais peut-être est-elle du moins capable de fournir aux classes de philosophie un certain nombre de jeunes esprits assez informés des choses scientifiques pour que les synthèses rêvées présentent quelque solidité. Si les deux cultures que la philosophie veut rapprocher restent inégales, si l'une des colonnes craque et se fend, adieu le beau fronton.

Chapitre III

Il faut ajouter d'ailleurs que pour mener à bien la construction de l'édifice, nos professeurs ont été jusqu'ici assez médiocrement préparés. La philosophie est longtemps restée chez nous une discipline littéraire. C'est la faute à Victor Cousin, dit-on quelquefois, et au tour qui a été donné, sous l'impulsion de la tradition qu'il a lancée, à l'agrégation de philosophie. Les belles leçons conférences et les explications de texte y font prime. Un jeune homme dont la culture est plutôt à base de science a peu d'occasions d'y briller. La tradition de COUSIN, au total, l'aurait emporté sur la tradition de COURNOT qui, lui, savait des sciences, et qui a montré avec quelle profondeur on pouvait philosopher en réfléchissant sur les notions fondamentales qu'elles supposent.

Il faut dire que les plus grands efforts ont été dépensés depuis une vingtaine d'années pour remonter cette pente. On a été jusqu'à réserver des possibilités d'équivalences aux candidats à l'agrégation de philosophie qui ne savaient pas le grec : il leur est loisible d'expliquer, au lieu d'un texte grec, un texte allemand ou anglais. D'autre part, on exige de tous les candidats un diplôme scientifique, baccalauréat ou certificat. Mais ceci ne va pas loin. La lacune reste sensible. Ce qui permettra sans doute d'y remédier, c'est le nombre croissant des docteurs, entrant dans les Facultés après avoir présenté une thèse qui suppose une connaissance assez approfondie des mathématiques, ou de la physique, ou des sciences naturelles. L'exemple de Louis COUTURAT consacrant sa thèse à *l'Infini mathématique,* et celui de HANNEQUIN, consacrant la sienne à *l'Atomisme* a trouvé quelques imitateurs. La *Société française de philosophie* a pu organiser des séances de discussions où philosophes-savants et savants-philosophes échangent leurs vues sans trop de malentendus. Le jour où un stock de réflexions assez riche aura pu être ainsi constitué dans l'enseignement supérieur, les élèves que celui-ci formera partiront pour l'enseignement secondaire avec un bagage scientifique plus complet. Et l'enseignement philosophique des lycées sera mieux équilibré. On pourra moins aisément en incriminer le verbalisme. Les professeurs y seront plus capables d'appuyer leurs remarques générales sur des exemples précis. Les *Instructions* du 2 septembre 1925 nous donnent, à cet égard, un avertissement significatif : « Pas *de faits sans idées,* voilà sans doute ce qui caractérise une culture philosophique. Mais

Célestin Bouglé

pas d'idées sans faits, c'est la règle pédagogique qui s'impose si l'on veut que cet enseignement soit vraiment accessible et surtout profitable à des esprits novices. » Cette union désirable de l'idée et des faits, élèves et professeurs seront mieux préparés à l'accomplir dès les classes de philosophie le jour où la culture générale à base de sciences sera aussi poussée chez nous que la culture générale à base de lettres.

*
* *

Mais, dira-t-on, cet appel aux sciences positives ne révèle-t-il pas chez vous un état d'esprit positiviste, dont beaucoup de professeurs de philosophie s'accommoderaient assez mal ? Vous semblez souhaiter qu'on réintroduise dans les cours nombre de notions élaborées par des disciplines qui se sont constituées en se détachant progressivement de la philoso-phie, comme Auguste COMTE l'a montré. Mathématiques, physique, biologie, psychologie même, ont ainsi conquis ou conquièrent sous nos yeux leur autonomie. Demain, ce sera le tour de la sociologie. Si l'on organise cette invasion des sciences dans la classe terminale du secondaire, l'esprit philosophique ne risque-t-il pas d'être refoulé, réduit à la portion congrue ? Il est indispensable, certes, que le professeur de philosophie soit au courant des méthodes employées par les sciences. Mais vous ne sauriez sans imprudence exiger de lui qu'il connaisse à fond les résultats qu'elles ont acquis. Comme si la tâche principale de la philosophie devait être d'opérer une sorte de synthèse de ces résultats, et d'en dégager par une induction hardie les lois les plus générales de l'univers. La philosophie moderne peut heureusement se placer à un autre point de vue. Depuis qu'on a retrouvé les enseignements de KANT, elle s'est rendu compte qu'il importait d'abord de méditer sur les conditions de toute connaissance, et, notamment, sur les conditions de la connaissance scientifique. Réfléchir sur les principes et les postulats des sciences, c'est, plutôt que coordonner leurs conclusions, le rôle propre de la philosophie. Elle est devenue, essentiellement une Critique, disait Gabriel SÉAILLES dans le *Dictionnaire de Pédagogie*. Et M. Jules LACHELIER, l'auteur réputé des *Fondements de l'Induction*, déclarait à la *Société française de Philosophie y voir* avant tout une étude du sujet. M. Louis COUTURAT demandait à préciser : la philosophie serait avant tout la science de l'esprit.

C'est peut-être, en effet, ce centre de ralliement qu'accepteraient, volontiers, la plupart des professeurs de philosophie, du moins dans la génération qui connut Jules LACHELIER comme inspecteur général et président du Concours d'agrégation : faire comprendre, faire saisir aux élèves la réalité, propre de l'esprit, trop souvent obnubilée à leurs yeux par les disciplines scientifiques qui les tournent vers les choses, ce serait la mission originale de la discipline philosophique.

Ralliement dû, sans doute, à une sorte de retour à KANT : le Kantisme, par l'intermédiaire de RENOUVIER, a été comme réveillé en France après 1870. On y a mieux compris, dans l'enseignement philosophique, qu'il importait de substituer, aux spéculations sur les substances, des réflexions sur les lois dans leurs rapports avec les catégories de la raison. Et c'est bien par des analyses régressives de type kantien que LACHELIER dans les *Fondements de l'Induction* limite le spiritualisme de Victor COUSIN. Il entend d'ailleurs retrouver à sa manière, dans le fameux article intitulé *Psychologie et métaphysique,* l'essentiel des thèses traditionnelles : « spiritualité et liberté en nous, raison en nous et hors de nous ». Si ce n'est pas du spiritualisme classique, c'est du moins d'un idéalisme critique qu'on préparait la restauration dans les classes de philosophie, d'un idéalisme qui veut avant tout faire comprendre que la réalité est raison, et qui barre la route, d'une façon que l'expérience a révélée efficace, aux doctrines de tendance naturaliste, ou de tendance matérialiste.

À l'influence de KANT ici, il conviendrait sans doute d'ajouter celle de DESCARTES, auquel la pensée française revient toujours, pour redécouvrir, pour mettre en valeur tantôt un aspect, tantôt un autre de sa doctrine. Dans l'époque contemporaine, c'est sur le DESCARTES critique et idéaliste que l'on devait insister, celui dont Octave HAMELIN, l'auteur des *Eléments principaux de la représentation,* pouvait dire : « DESCARTES est la source de tout l'idéalisme moderne ; KANT lui-même est enveloppé dans la pensée cartésienne et ne fait qu'en creuser une portion restreinte. » L'idée qu'on sort et qu'on ne peut sortir du doute hypercritique qu'en saisissant directement l'existence de la pensée, et qu'au surplus l'âme est plus aisée à connaître que le corps, c'est comme le roc à double

Célestin Bouglé

tête que DESCARTES signale aux philosophes modernes, pour qu'ils s'y accrochent et résistent aux assauts de la matière.

Il me semble que beaucoup, parmi nos meilleurs professeurs de philosophie, ont profité de cette invitation. Ayant eu l'occasion d'analyser récemment pour la *Revue de Paris,* les tendances des maîtres de la philosophie universitaire en France [1], je croyais pouvoir conclure que chez la plupart, donnant d'ailleurs à leur pensée des formes très différentes, chez M. Léon BRUNSCHVICG comme chez M. D. PARODI, et chez M. Henri DELACROIX comme chez M. Xavier LÉON, se retrouvait le même refus de considérer l'esprit comme un produit ou les idées comme un reflet des choses, la même habitude de se placer d'emblée dans la pensée, en considérant que l'on ne petit rien saisir en dehors d'elle ni autrement que sous ses formes, bref la même affirmation de ce qu'on peut appeler un rationalisme idéaliste.

En dépit du titre d'un pamphlet fameux, il n'y a point, par définition, de « doctrine officielle » dans l'Université républicaine. Mais il peut y avoir en fait des tendances dominantes. Il peut arriver que les doctrines familières aux maîtres de l'enseignement, aux présidents des jurys d'agrégation, aux inspecteurs généraux de l'enseignement secondaire, servent d'aliments à un certain nombre de professeurs de lycées ou de collèges, et que ceux-ci à leur tour en nourrissent les futurs bacheliers. D'où des convergences intellectuelles quasi spontanées, qui ne portent pas toujours sur les mêmes points, selon les époques, et dont la recherche fournirait une courbe symptomatique du mouvement des idées en France. Il semble bien que, entre 1880 et 1920, le rationalisme idéaliste que nous venons de définir l'ait emporté, sous des formes d'ailleurs diverses, chez la majorité des professeurs, et que les meilleurs des élèves de philosophie s'en soient volontiers inspirés. Le concours de l'École normale supérieure permet à cet égard d'intéressants coups de sonde. Lorsque nous avons donné, il y a quelques années, à l'écrit, un de ces sujets très généraux qui permettent aux pensées personnelles de faire leur point, un sujet portant précisément sur la nature du rationalisme, il nous a semblé que les tendances dominantes que nous avons dégagées de la lecture des maîtres conser-

---

1 Articles rassemblés depuis en un petit volume, paru chez Maloine sous le titre Les Maîtres de la philosophie universitaire en France.

vaient leur prix aux yeux des élèves.

*

* *

Tendances dominantes, disions-nous, mais non pas exclusives de toutes les autres, et convergences qui ne valent peut-être que pour un temps. Au moment où nous écrivons, des maîtres d'un esprit assez différent de celui que nous avons rencontré chez les maitres d'hier sont en train de grandir. Demain peut-être, de nouvelles attitudes intellectuelles et morales seront à la mode, dans les classes de philosophie, et susciteront l'engouement des penseurs en herbe. Il y a déjà assez longtemps, à vrai dire, que l'édifice que nous avons vu s'élever, celui d'un rationalisme idéaliste de style mi-kantien, mi-cartésien a reçu des coups de bélier vigoureux. Non pas seulement parce qu'il se trouvait dans les équipes universitaires des penseurs de tendance naturaliste. M. Alfred ESPINAS, auteur des Sociétés *animales,* fut l'un d'eux : n'avons-nous pas vu que, dans la préface de sa thèse, il voulait se réclamer de SPENCER aussi bien que de COMTE. Mais d'autres doctrines fort éloignées du naturalisme travaillaient de leur côté à libérer les esprits de l'idéalisme classique. Nous songeons en particulier à la philosophie de BERGSON qui, nous invitant à ressaisir dans leur flux original les données immédiates de la conscience, nous déclarait aussi capables d'appréhender directement le réel. M. BERGSON n'aime pas qu'on répète qu'il a fourni des armes contre la raison et spécialement contre la raison constructrice des sciences positives. A la Société *française de Philosophie,* il a protesté avec vigueur contre l'abus que font de ses analyses les irrationalistes. Il n'en reste pas moins que beaucoup de ceux-ci ont en fait utilisé BERGSON à son corps défendant. Et plus d'un jeune homme, dégoûté de l'hypercritique traditionnelle des cours de philosophie, s'est réjoui d'une apologie de l'intuition qui lui permettait, pensait-il, non seulement de saisir directement la réel sensible, mais de plonger dans l'au-delà.

Mais en dehors même de l'intuition bergsonienne qui a renouvelé tant de problèmes, et des interprétations diverses auxquelles elle a prêté, deux grandes forces historiques sont à l'œuvre qui cherchaient, logiquement à miner les redoutes du rationalisme idéaliste, deux forces mi-intellectuelles, mi-politiques : le catholicisme d'un côté, le marxisme de l'autre.

Célestin Bouglé

Le catholicisme ne peut plus espérer conserver, comme il est arrivé sous la Restauration et le Second Empire, une sorte de contrôle supérieur sur les chaires de philosophie. Mais il peut espérer, tirant profit à son tour dos conquêtes du libéralisme républicain, que dans ces mêmes chaires son point de vue sera représenté. Séparée définitivement de l'État, l'Église, garde chez nous le droit de courir sa chance dans la libre concurrence des doctrines. Elle peut compter sur tels agrégés de philosophie qui restent ses fidèles, sur des penseurs qui démontrent, par le mouvement même de leur pensée, la nécessité de revenir aux croyances traditionnelles et découvrent, jusque chez les scolastiques, ramenant à la foi par les chemins de la raison, des modèles incomparables. C'est ainsi qu'au nom de saint THOMAS une croisade a été menée contre les tendances de la philosophie universitaire contemporaine. Sévères pour la tradition kantienne ou même cartésienne, dénonçant l'action sournoise d'un subjectivisme qui risque de plonger les jeunes esprits dans le scepticisme, les organisateurs de cette croisade vantent une doctrine capable de fonder à la fois, sur des lois de la raison qui sont autant de décrets divins, la réalité des choses sensibles et celle des êtres invisibles.

Pendant ce temps, de l'autre point extrême de la chaîne intellectuelle, nous viennent des objections de nature différente. Les fervents du marxisme accusent l'idéalisme dont se contentaient la plupart de nos maîtres d'être une doctrine d'endormeurs : bonne peut-être pour justifier l'ordre établi, ordre formel qui n'est que la consécration de privilèges traditionnels, mais incapable de fournir aux jeunes générations l'élan nécessaire pour créer un monde nouveau. Si l'on veut, en effet, transformer et non pas seulement contempler, il faut se rendre compte que l'action commande la pensée, que la technique traîne après elle les philosophies, que la loi de la société comme de la nature est celle de la perpétuelle transformation. Seul un matérialisme dialectique, qui fait précéder le mouvement de la pensée par le mouvement des choses, est capable de donner à la jeunesse le secret d'une évolution historique qu'elle doit parachever.

*

* *

Qu'un certain nombre de professeurs de philosophie se rallient à

une thèse marxiste, comme il en est qui se rallient aux thèses tho-
mistes, cela ne nous paraît pas douteux. Et les libéraux, ici comme
ailleurs, risquent d'être pris entre-deux feux.

La République, jusqu'ici du moins, ne paraît pas s'émouvoir outre
mesure de cette situation. D'abord parce que les représentants des
doctrines en question, quelque dangereux que puissent paraître ou
les retours en arrière que préparent les uns, ou les bonds dans
l'inconnu que prépareraient les autres s'ils devenaient majorité, ne
sont encore sans doute qu'une minorité. Conformément aux principes de la liberté intellectuelle on les laisse courir leurs chances
et proposer leurs préférences à l'examen des jeunes philosophes.
Tout ce qu'on peut légitimement exiger d'eux, c'est qu'ils ne piéti-
nent pas en effet, dans leurs classes, ces principes libéraux dont ils
profitent, et qu'ils ne fassent appel qu'à la raison des jeunes gens, en
respectant leur parfaite indépendance de pensée. Mais sur ce point
le danger n'est pas grave. La tradition du libéralisme est si forte-
ment ancrée dans l'Université française qu'un professeur de philosophie, tout croyant qu'il puisse être pour son compte personnel,
aurait l'impression de renier son titre et de manquer aux devoirs
les plus élémentaires de sa fonction s'il se permettait dans sa classe
d'exercer une pression sur les jeunes cerveaux. Sur ce respect, sur
ce culte de la liberté intellectuelle, tout le monde reste d'accord : il
est, pourrait-on dire, un des principes d'unité de la pensée française, une des valeurs qu'on est prêt à défendre ensemble, à quelque
parti qu'on appartienne, de quelque doctrine qu'on se réclame, un
centre de ralliement. Et ainsi, ce qui pourrait être un dissolvant
devient un ciment.

Liberté, c'est bien, en effet, le leit-motiv des plus récentes instructions relatives à l'enseignement de la philosophie, celles du 2 septembre 1925 : « Nous voulons, déclare le Ministre qui les a signées,
M. Anatole DE MONZIE, que le mot de Liberté soit inscrit au début même de ces Instructions. » La liberté d'opinion est dès longtemps assurée au professeur, et il paraîtrait aujourd'hui contradic-
toire avec la nature même de l'enseignement philosophique qu'il
en fût autrement. Cette liberté, sans doute, comporte les réserves
qu'imposent au professeur son tact et sa prudence pédagogique,
c'est-à-dire en somme le respect qu'il doit à la liberté et à la personnalité naissante de l'élève.

Célestin Bouglé

« Le maître ne peut pas oublier qu'il a affaire à des esprits jeunes et plastiques, peu capables encore de résister à l'influence de son autorité, disposés à se laisser séduire par les formules ambitieuses et les idées extrêmes. La jeunesse, non encore lestée par la science et l'expérience personnelle, verse volontiers dans les doctrines qui la frappent par leur nouveauté ou leur caractère tranchant. C'est au professeur d'aider les jeunes gens à garder l'équilibre en l'observant pour son propre compte.

« De même, si personne ne lui conteste le droit de faire transparaître, sur toutes les questions litigieuses, ses conclusions personnelles et de les proposer aux élèves, encore faut-il qu'il ne leur laisse jamais ignorer l'état réel des problèmes, les principales raisons invoquées par les doctrines qu'il rejette, et les options qui s'imposent à tout homme de notre temps. Le sens même de la liberté doit donc le prémunir contre tout dogmatisme. »

Ajoutons que le Ministre qui signe ces lignes éprouva le besoin de rendre un hommage particulier à l'un des maîtres les plus aimée de la jeunesse des lycées de Paris, en raison même de son attachement fervent à la cause de la liberté intellectuelle : M. CHARTIER, qui signe ses chroniques, devenues célèbres, sous le nom d'ALAIN. À la dernière classe qu'il fit, le Ministre de l'Éducation nationale vint assister et félicita publiquement le maître d'avoir été avant tout un modèle de non-conformisme. Le fait est que, d'un bout à l'autre de sa carrière, ce penseur farouche, volontiers solitaire, jaloux par-dessus tout de son indépendance, a exhorté les jeunes gens à résister, à raisonner pour résister, à s'apprêter enfin, par une méthode qui assouplirait leur intelligence, à limiter tous les pouvoirs toujours prêts à l'abus. Grand lecteur des œuvres de PLATON, de HÉGEL, de COMTE, où il prétend ne prendre que ce qui s'adapte à sa propre pensée, M. CHARTIER lui aussi reste à sa manière un cartésien : retenant surtout de DESCARTES la leçon du doute universalisé et celle de la liberté du jugement. Et il pense être dans la ligne du Discours de la *Méthode* en déclarant : « L'esprit est ce qui nie, ce qui réfute, ce qui jette négligemment les pièces de l'expérience, idées aussi, tout. À refuser tout, on a tout. » « Sois libre » : c'est aux yeux de cet éducateur, dont l'ascendant a été immense, l'alpha et l'oméga de la morale.

Les professeurs de philosophie sont bien loin sans doute d'être

Chapitre III

tous aussi prompts à la négation, aussi entiers dans leur individualisme que l'auteur du Citoyen contre les Pouvoirs. Celui-ci s'est
fait une originalité parmi eux grâce à un esprit de contradiction
qui s'épanouit en une dédaigneuse intransigeance. Mais la plupart
de ses collègues ne se montreraient pas moins chatouilleux sur le
chapitre de l'indépendance intellectuelle. Ils profitent en tout cas
largement de la permission qui leur est accordée, par les Instructions elles-mêmes, d'organiser à leur façon l'ordre des matières du
cours. L'Association amicale des professeurs de philosophie, qui
publie depuis quelques années un Bulletin, a eu l'idée de présenter, dans le Pavillon de l'Enseignement de l'Exposition de 1937,
une demi-douzaine de plans de cours rédigés par les professeurs.
La variété est grande. Tel maître commence par la méthodologie,
tel autre fait marcher de front dès le début de l'année la philosophie générale et la psychologie. Un troisième, rappelant que la
philosophie n'est pas une somme de spécialités, fait graviter tout
son cours autour de la notion de liberté. Il remarque d'ailleurs :
« Le choix final de l'élève reste libre. À quoi rimerait pour lui toute
une année d'efforts généreux, si c'était pour se voir « démontrer »
ce qu'il apprend à comprendre comme « indémontrable », aussi
bien qu'étranger à toute entreprise dogmatique. On lui demandera
seulement de comprendre encore cette liberté en tout homme, et
de l'admettre pratiquement chez autrui. La liberté de recherche et
d'expression, d'opinion, est la garantie de toutes les autres ». Tous
les professeurs de philosophie ne partageraient pas sans doute
cette ivresse de l'indémontrable. Mais tous admettraient qu'une
conception de la vie n'a de sens et de valeur que si l'on y adhère en
toute liberté. Pour leurs élèves comme pour eux-mêmes, ils réclament avant tout « l'indépendance spirituelle ».

*
* *

Sur cet exemple de la classe de philosophie, on voit clairement
combien nous sommes loin, en France, du genre de vie intellectuelle et morale institué par les régimes totalitaires. Nous sommes
exactement aux antipodes. Aux yeux des gardiens de ces régimes,
la plupart des valeurs qui nous restent sacrées semblent devenues
sataniques. Ils s'effraient plus qu'ils ne se réjouissent d'une culture
générale qui élargit les horizons. Ils brûlant ou interdisent cer-

Célestin Bouglé

taines catégories de livres. Ils tendent à déprécier l'intelligence elle-même devant les instincts de la race et les disciplines militaires. Par-dessus tout ils regardent comme un fléau, comme un péché l'esprit critique, expression d'un individualisme rebelle, pour eux la véritable gangrène des démocraties. À la plupart des élèves qui sont passés par nos classes de philosophie pareilles camisoles de force paraîtraient sans doute intolérables.

Mais ne craignez-vous pas, me dira-t-on, de tomber dans l'excès inverse ? N'allez-vous pas préparer un peuple de raisonneurs, sinon d'ergoteurs, chacun réservant son quant à soi et refusant de se donner, de se dévouer ? Nous ne méconnaissons pas ce danger. Et c'est justement pourquoi tels d'entre nous se sont proposé naguère de compléter, voire de corriger la tradition individualiste par un enseignement solidariste : et ils comptaient sur la sociologie pour rappeler à l'individu des dépendances qui sont les conditions mêmes de sa puissance, et des dettes qui sont des racines de devoirs. Mais il convient d'ajouter que jusqu'ici cet enseignement philosophique, qu'on dirait propre à développer un esprit de critique perpétuelle et de dissidence universelle, ne nous a pas paru très menaçant, en fait, pour l'unité morale de la nation. Et la chose qui nous rassure le mieux ici c'est une expérience, c'est la douloureuse et magnifique expérience de 1914. À la veille de 1914, on usait déjà pour éveiller les jeunes esprits, des traditions kantiennes ou cartésiennes, en essayant de les incliner vers le rationalisme idéaliste dont nous avons résumé les tendances. Cela ne les a pas empêchés, que je sache, de faire leur devoir envers la France envahie. Les intellectuels se sont montrés patriotes aussi décidés que la masse. Non pas seulement sans doute parce que sous leur culture philosophique dormait, dans leur inconscient, un système de traditions, communes à tous les Français, un complexus collectif de quasi-instincts de défense que le danger a tout d'un coup bandés. Non, à cette force collective, des motifs plus spécifiques s'ajoutaient : l'honnête homme de nos jours, cultivé par une éducation philosophique, a des raisons propres de vouloir maintenir et de défendre envers et contre tout une culture nationale qui réserve une place d'honneur à une valeur qu'il prise au-dessus de tout : la liberté intellectuelle.

Des lettres de Normaliens mobilisés - dont près de 250 sont restés

Chapitre III

sur les champs de bataille - nous ont permis naguère de mesurer la vigueur de ce sentiment qui veut se fonder en raison.

Ce qui s'est vérifié avant-hier se vérifierait sans doute après-demain si cela redevenait nécessaire. Mais je me hâte d'ajouter que nous ne tenons nullement à y aller voir. Et je crois pouvoir dire en terminant que tous les philosophes français - je n'en connais pas qui se soit laissé séduire par le réalisme belliciste pas plus que par le naturalisme raciste - souhaitent avec ferveur le maintien d'une ère de paix qui permette à la culture générale de s'élargir, à la réflexion personnelle de s'approfondir.

ISBN : 978-1514266212

Célestin Bouglé